NOTIONS ÉLÉMENTAIRES

SUR LES

CONSEILS DE PRÉFECTURE

Compétence. — Procédure.

PAR

PAR E. DUCOTE

AVOCAT À LA COUR IMPÉRIALE DE ROUEN

PRIX : 3 FRANCS

ROUEN

E. CAGNIARD, IMPRIMEUR-LIBRAIRE-ÉDITEUR,

rue Percière, 29.

1865

NOTIONS ÉLÉMENTAIRES

CONSEILS DE PRÉFECTURE.

NOTIONS ÉLÉMENTAIRES

SUR LES

CONSEILS DE PRÉFECTURE

Compétence. — Procédure.

PAR E. DUCOTÉ,

AVOCAT A LA COUR IMPÉRIALE DE ROUEN.

ROUEN.

IMPRIMERIE DE E. CAGNIARD,

Rue Percière, 29.

—

1863.

INTRODUCTION

Les Conseils de Préfecture ont plusieurs espèces d'attributions.

Tantôt ce sont des tribunaux; et investis du pouvoir judiciaire, ils rendent la justice.

Tantôt, constitués en comité consultatif, ils ont pour mission d'éclairer les Préfets de leurs conseils : ils ont alors un simple droit d'avis; la décision appartient au Préfet seul.

Tantôt enfin ils sont appelés par la loi à remplir une mission de tutelle à l'égard de certains êtres collectifs, communes, hospices, etc.

Le décret du 30 décembre 1862, qui a décidé qu'à l'avenir les audiences des Conseils de Préfecture, statuant sur les affaires contentieuses, seraient publiques, et proclamé au profit des justiciables le droit de présenter des observations, s'applique évidemment aux seules affaires contentieuses que les Conseils de Préfecture ont le droit de juger.

C'est aussi de ces seules affaires que nous voulons parler ici.

Sur quelles affaires contentieuses les Conseils de Préfecture ont ils droit de juridiction ?

Quelle procédure doit être suivie devant les Conseils ?

Telles sont les deux questions que nous avons voulu examiner.

Un rapport très remarquable de M. Boulatignier, délibéré et adopté par le Conseil d'Etat dans la séance du 9 avril 1851, nous a fourni les éléments de la première partie de notre travail.

C'est aussi M. Boulatignier qui a inspiré nos recherches sur la procédure.

Dans une récente brochure de l'éminent Conseiller d'Etat, nous avions lu que les règles de la procédure devant les Conseils de Préfecture, se trouvaient :

1° Dans certaines dispositions législatives et réglementaires, *insuffisantes, il est vrai, mais plus nombreuses qu'on ne le croit et le dit habituellement;*

2° dans la jurisprudence du Conseil d'Etat. *Il y a là, dit M. Boulatignier, un corps de doctrine des plus remarquables.*

Ce sont ces dispositions législatives, ces décisions du Conseil d'Etat sur la procédure, que nous avons recherchées; et en les rapportant à un cadre dans lequel nous avons embrassé la procédure devant les Conseils de Préfecture, depuis l'acte introductif d'instance jusqu'à la décision et aux voies de recours, nous avons tenté de constituer une sorte de code de procédure administrative.

Pour donner quelque autorité à nos affirmations, nous avons cru devoir donner textuellement un assez grand nombre d'arrêts du Conseil.

IV

A défaut d'un code de procédure qui n'existe
pas , n'était-ce pas d'ailleurs une nécessité de
rapporter la jurisprudence qui a suppléé au
silence de la loi !

CHAPITRE PREMIER.

DE LA COMPÉTENCE

DES CONSEILS DE PRÉFECTURE.

SOMMAIRE :

1. Historique. Loi du 28 pluviôse an VIII.

2. Attributions des Conseils de Préfecture.
   Défense d'empiéter sur le domaine judiciaire.

3. Du rôle des Conseils de Préfecture dans le domaine administratif.

   Sont-ils juges de droit commun ou juges d'exception ?
   Avis de M. Macarel.
   Avis de M. Boulatignier.
   Jurisprudence du Conseil d'État.

4. Énumération des diverses matières contentieuses dont la connaissance est attribuée aux Conseils de Préfecture, par des dispositions expresses et spéciales.

1. Les Conseils de Préfecture ont été institués par la loi du 28 pluviôse an VIII.

Avant cette loi, l'administration active et le jugement du contentieux se trouvaient réunis dans les mêmes mains.

Le décret des 7 et 11 septembre 1790, additionnel à celui du 16 août sur l'organisation judiciaire, et qui avait institué la juridiction administrative parallèlement à la juridiction des tribunaux civils, avait remis le droit de juger administrativement aux agents actifs de l'administration, c'est-à-dire aux Directoires de district et de département.

Sous la Convention, les Comités de l'Assemblée s'étaient de même saisis de l'administration aussi bien pour le jugement du contentieux que pour l'action exécutive.

La Constitution du 5 fructidor an III, avait été plus loin encore dans la voie de la concentration des pouvoirs. Dans chaque département on avait institué sous le nom d'administration centrale un corps composé de cinq membres ; et ce corps avait non-seulement l'action administrative et le jugement du contentieux ; mais on lui avait aussi conféré le droit de délibérer sur les intérêts départementaux, autrefois confié aux Conseils généraux de département.

C'était confondre des éléments qui devaient rester distincts ; les inconvénients de cette organisation se firent bientôt sentir ; et on ne tarda pas à reconnaître qu'il fallait distinguer, et remettre à des mains différentes le droit *d'agir, de délibérer et de juger*.

Voici du reste dans quels termes les principes de l'organisation nouvelle étaient exposés en l'an VIII, devant le Corps Législatif, par le Conseiller d'Etat Rœderer.

Le système administratif que présente le projet de loi est fort simple, et repose sur des principes dès longtemps familiers aux bons esprits.

Dans l'administration locale, qu'il faut distinguer de l'administration générale comme on distingue les administrateurs des ministres, on reconnaît trois services distincts :

1° L'action proprement dite ;

2° Les jugements qui se rendent d'office en matière de contributions, et qui consistent dans les différentes

répartitions qui se font entre les masses et les individus ;

3° Le jugement du contentieux dans toutes les parties
d'administration.

Le projet de loi sépare ces trois fonctions.

Il remet la première à un seul magistrat dans chaque
degré du pouvoir administratif, savoir : au Préfet, au
Sous-Préfet et au Maire.

Il remet la seconde à des Conseils de département, à
des Conseils d'arrondissement communaux, et aux répartiteurs municipaux dont l'existence est conservée.

Il remet la troisième à un Conseil de Préfecture.

Ces dispostions sont fondées sur deux principes :
qu'administrer doit être le fait d'un seul homme, et juger
le fait de plusieurs.

Cet exposé si net, si sage, était bien fait pour
saisir les esprits ; aussi fut-il décidé « qu'il y
aurait dans chaque département, un Préfet, un
Conseil de Préfecture, et un Conseil Général de
département, lesquels rempliraient les fonctions
exercées antérieurement par les administrations et
commissaires de département. (Loi du 28 pluvôse
an VIII). »

Le Conseil de Préfecture spécialement devait,
aux termes de l'article 4 de la loi, prononcer :

Sur les demandes des particuliers tendant à obtenir la décharge ou la réduction de leurs cotes de contributions directes ;

Sur les difficultés qui pourraient s'élever entre les entrepreneurs de travaux publics et l'administration, concernant le sens ou l'exécution des clauses de leurs marchés;

Sur les réclamations des particuliers qui se plaignent de torts et dommages, procédant du fait personnel des entrepreneurs et non du fait de l'administration ;

Sur les demandes et contestations concernant les indemnités dues aux particuliers, à raison des terrains pris ou fouillés pour la confection des chemins, canaux et autres ouvrages publics ;

Sur les difficultés qui pourront s'élever en matière de grande voirie.

2. Telle est la loi fondamentale qui a institué les Conseils de Préfecture; telles sont les attributions qu'elle leur a conférées.

Depuis cette loi, ces attributions ont été considérablement augmentées; des dispositions spéciales d'une part, la jurisprudence de l'autre sont venues les étendre; et cependant il s'en faut de beaucoup que les limites exactes de cette juridiction soient encore aujourd'hui bien précisées et bien connues.

Il est donc très intéressant de rechercher et de
déterminer avec soin quelle est la compétence des
Conseils de Préfecture; où commence et où finit
pour eux le droit de juger. Tel est l'objet de la
première partie de notre travail.

Un principe fondamental et à l'abri de toute
contestation, c'est d'abord que l'autorité administrative ne doit jamais empiéter sur l'autorité judiciaire, de même que l'autorité judiciaire ne doit
pas empiéter sur l'autorité administrative. Entre
les deux pouvoirs, judiciaire et administratif, il
existe une ligne de démarcation qui doit être res-
pectée; et c'est ce qu'exprimait si bien M. de
Cormenin, quand il disait de ces deux pouvoirs:
« Qu'ils devaient marcher indépendants l'un de
l'autre, et rester toujours divisés pour être toujours unis. »

Ainsi deux domaines séparés dans lesquels les
tribunaux civils et les tribunaux administratifs
exercent chacun la juridiction qui leur est propre:
voilà une première vérité qu'il convient de re-
tenir.

3. Dans le domaine administratif, quel est le rôle des Conseils de Préfecture? Ont-ils une pleine juridiction de telle sorte que leur compétence soit la règle générale? N'ont-ils au contraire qu'une juridiction exceptionnelle, s'appliquant uniquement aux affaires dont la connaissance leur a été expressément attribuée par une disposition légale?

La question est délicate. Suivant M. Macarel (*Traité des Tribunaux administratifs*, page 539), les Conseils de Préfecture auraient une pleine juridiction dans le domaine administratif.

Dans chacune des sphères (administrative et judiciaire) s'exerce, dit-il, une portion de l'autorité judicaire, et dans chacune d'elles aussi se trouve une juridiction ordinaire et des juges d'exception.

D'un côté des tribunaux d'arrondissement et des cours royales qui, dans une circonscription déterminée, ont, par le droit de leurs offices et à titre universel, une pleine juridiction sur toutes les causes qui ne sont point administratives.

Et ensuite, des juges-de-paix et des tribunaux de commerce, dont la juridiction, parmi ces mêmes causes, est encore restreinte à certaines affaires et à certaines sommes ; c'est-à-dire une juridiction qui forme exception à la première.

D'autre côté des Conseils de Préfecture et un Conseil d'Etat, qui, dans une circonscription déterminée pour les premiers, et dans toute la France pour le second, ont par le droit de leur office et à titre universel, une pleine juridiction sur les affaires du contentieux de l'adminis-tration.

Et ensuite, des Préfets, des Ministres, une Cour des Comptes, des Tribunaux des prises, des Commissions des travaux publics, dont la juridiction, parmi les causes ad-ministratives, est encore restreinte à certaines affaires déterminées ; c'est-à-dire, une juridiction qui forme exception à la première.

Ainsi deux domaines séparés, et dans chacun, des juges ayant pleine juridiction et des juges n'en ayant qu'une partie, un démembrement ; mais de l'un à l'autre do-maine, nul empiètement originaire.

Tel est l'avis de M. Macarel. Mais M. Boula-tignier a émis une opinion contraire dans un rap-port remarquable adopté par le Conseil d'Etat dans sa séance du 9 avril 1851.

Jamais, dit-il, dans le Conseil d'Etat, la loi du 28 plu-viôse n'a été entendue en ce sens, que les Conseils de Préfecture fussent constitués d'une manière générale, juges du contentieux administratif en 1re instance, de telle sorte que, s'il s'élève un litige à l'occasion d'un acte de l'autorité municipale ou du Préfet, la connaissance de ce litige leur appartienne, à moins qu'elle n'ait été spécialement attribuée à une autre autorité. Au contraire, dans la pratique, on a toujours tenu pour maxime certaine que les Conseils de Préfecture n'avaient que des attributions spéciales et déterminées, et qu'en dehors des cas dont la connaissance leur était expressément réservée, il y avait lieu, dans le silence de la loi, et par application des principes généraux sur l'organisation administrative, de soumettre au Préfet les litiges qui peuvent naître des réclamations contre des actes faits par les administrations municipales, et aux Ministres (chacun selon ses attributions) les litiges qui résulteraient des réclamations contre les actes des Préfets.

Mis en demeure de nous prononcer au point de vue doctrinal entre ces deux opinions, patronées chacune par un nom illustre, et cependant si diamétralement opposées, nous inclinerions pour la première.

On a vu plus haut qu'entre le domaine judiciaire et le domaine administratif, il y avait une ligne de démarcation infranchissable. Il nous faut donc, dans le domaine administratif aussi bien que dans le domaine judiciaire, trouver un juge ayant une pleine juridiction; si nombreuses en effet que soient les dispositions spéciales au droit administratif, elles n'ont pu prévoir toutes les questions qui peuvent être soulevées en administration.

Quel sera ce tribunal ayant la pleine juridiction et le pouvoir de juger les causes de litige, non prévues par la loi ?

En se reportant au rapport fait par M. Rœderer, devant le Corps Législatif, de la loi du 28 pluviôse an VIII, on voit tout d'abord, et bien clairement, quelle était la pensée du législateur.

Le système administratif devait être divisé en trois services, dont l'un, comprenant le *jugement du contentieux dans toutes les parties de l'administration*, devait être remis au Conseil de Préfecture.

Ce principe est confirmé par un décret impérial rendu sur le rapport du Comité du Contentieux à la date du 6 décembre 1813, inséré exceptionnellement au *Bulletin des lois*, et qui, d'après l'usage alors suivi par le Gouvernement, reçoit de cette insertion même une valeur toute particulière.

Considérant que, d'après la loi du 28 pluviôse an VIII et autres lois postérieures, le Préfet est seul chargé de l'administration, et que dès-lors, il doit seul statuer sur toutes les matières qui sont purement d'administration, mais que les Conseils de Préfecture sont institués pour prononcer sur toutes les matières contentieuses administratives ; qu'ainsi la compétence de chacune de ces deux autorités doit se déterminer d'après la nature ou purement contentieuse ou purement administrative de la question proposée ;

Considérant dans l'espèce particulière, qu'à la vérité, le Préfet avait le droit d'approuver l'expertise si les parties eussent été respectivement d'accord; mais que, puisqu'il existait, au contraire, un débat entre elles, sur les bases de l'estimation, il aurait dû renvoyer l'examen de cette question contentieuse devant le Conseil de Préfecture ;

Notre Conseil d'Etat entendu,

Nous avons décrété et décrétons ce qui suit :

Art. 1er. — L'arrêté du Préfet du département de la Seine-Inférieure, du 27 août 1812, est annulé pour cause d'incompétence, et les parties sont renvoyées devant le Conseil du même département, etc.

Quoiqu'intervenu dans une espèce toute particulière, on voit que le décret du 6 décembre 1813 pose un principe d'application générale. C'est la règle si nettement exprimée par le conseiller d'Etat Rœderer, rappelée comme principe et mise en œuvre dans l'application.

Les considérations qui précèdent, auraient dû suffire, suivant nous, à établir la juridiction des Conseils de Préfecture, comme juridiction de droit commun en matière administrative.

Cependant, il faut le reconnaître avec M. Boulatignier, la jurisprudence constante du Conseil d'Etat est aujourd'hui, que le droit de juger des Conseils de Préfecture doit être resserré dans des limites plus étroites. D'après le dernier état de la jurisprudence, les Conseils de Préfecture ne peuvent connaître du contentieux administratif que dans les cas où leur compétence à cet égard a été formellement établie par les lois ou règlements. C'est une juridiction non saisie de plein droit, mais seulement en vertu d'un mandat spécial et exprès de la loi.

Considérant que la demande du sieur Lesage Goetz avait pour objet de faire condamner l'Etat, comme civilement responsable de la faute ou de la négligence des agents préposés au service de la navigation, à indemniser le requérant du préjudice qu'il aurait subi par suite de la perte du bateau *la Tour de Malakoff*, survenue le 21 avril 1856, à son passage à l'écluse n° 71, dans le canal du Rhône au Rhin, par suite d'une fausse manœuvre de l'éclusier;

Considérant que cette demande n'avait pas pour objet de faire apprécier par le Conseil de Préfecture les dommages résultant de l'exécution de travaux publics, par application de la loi du 28 pluviôse an VIII ; qu'aucune disposition de loi n'autorisait le Conseil de Préfecture à connaître de la dite demande ; qu'ainsi il n'appartenait qu'à notre Ministre des travaux publics d'y statuer, sauf recours devant nous en notre Conseil d'Etat ; que dès-lors l'arrêt attaqué doit être annulé pour incompétence.

Du 19 juillet 1860.

Considérant qu'aucune disposition n'appelle les Conseils de Préfecture à prononcer sur les contestations qui peuvent s'élever entre les fabriques et les communes, relativement à la propriété des biens qui ont été abandonnés par l'Etat, en exécution de l'art. 72 de la loi du 18 germinal an X ; que dès-lors l'arrêté du Conseil de Préfecture de la Seine-Inférieure a été rendu incompétemment.

Du 6 avril 1854.

Conf. 17 mai 1851.

4. La compétence des Conseils de Préfecture étant ainsi limitée, il s'ensuit qu'avant de saisir un

Conseil de Préfecture d'une contestation administrative, on devra s'assurer avec soin qu'il existe
une disposition spéciale attribuant au Conseil la
connaissance du litige.

Voici du reste un tableau détaillé des attributions diverses des Conseils de Préfecture. Nous le
copions textuellement dans le rapport de M. Boulatignier, délibéré et adopté par le Conseil d'Etat
dans sa séance du 9 avril 1851, et c'est assez dire
combien ce résumé mérite l'attention du lecteur.

« 1° *Contributions directes*. Les Conseils de Pré
» fecture prononcent : sur les demandes en décharge
» ou réduction présentées par les contribuables, en
» ce qui concerne les contributions directes propre
» ment dites (1) ; sur les états de cotes indûment im
» posées présentés par les percepteurs (2) ; sur les
» demandes à fin d'inscription au rôle (3) ; sur les

----

(1) C'est-à-dire les contributions foncière, personnelle et mobilière, des portes et fenêtres et des patentes, et enfin la taxe
représentative des droits de mutation pour les biens de mainmorte. — Lois du 23 pluviôse an VIII, article 4 ; du 21 avril
1832, articles 28 et suivants ; du 20 février 1849, article 2.

(2) Loi du 3 juillet 1846, article 6.

(3) Loi du 21 avril 1832, article 28.

» demandes à fin de mutation de cotes, dans cer-
» tains cas prévus par les lois (1); puis, en ce qui
» concerne spécialement le cadastre, sur les récla-
» mations relatives au classement des immeubles (2).

« Les Conseils de Préfecture prononcent égale-
» ment sur les réclamations contentieuses concer-
» nant un assez grand nombre de taxes qui sont
» assimilées aux contributions directes : telles sont,
» par exemple, les taxes pour travaux relatifs au
» curage des canaux et rivières non navigables, et
» pour l'entretien des digues et ouvrages d'art qui y
» correspondent (3), les taxes pour travaux de salu-
» brité et de desséchement (4), les taxes pour l'assé-
» chement des mines (5), le droit des pauvres sur
» les billets d'entrée dans les spectacles et dans les
» lieux de réunion et de fête où l'on est admis en

------

(1) Arrêté des consuls du 24 floréal an VIII, article 2 ; loi du
25 avril 1844, article 23.

(2) Loi du 15 septembre 1807 ; ordonnance du 3 octobre
1821 ; règlement du 15 mars 1827.

(3) Loi du 14 floréal an XI, article 4.

(4) Loi du 16 septembre 1807, article 37.

(5) Loi du 27 avril 1838, article 5.

» payant (1), les redevances sur les mines (2), les
» prestations et subventions spéciales pour l'entre-
» tien des chemins vicinaux (3), les taxes pour le
» pavage des rues (4), les taxes pour la vérification
» des poids et mesures (5), les taxes pour les dé-
» penses des Bourses et Chambres de commerce (6),
» les taxes pour la rétribution des médecins inspec-
» teurs, soit des établissements d'eaux minérales
» naturelles, soit des bains, fabriques et dépôts
» d'eaux minérales (7), les droits établis pour frais

---

(1) Décrets du 8 fructidor an XIII, article 3 ; du 21 août 1806, article 3.

(2) Loi du 21 avril 1810, articles 27 et 37.

(3) Loi du 28 juillet 1824, articles 5 et 7 ; du 21 mai 1836, article 14.

(4) Avis du Conseil d'Etat du 3 mars 1807, approuvé le 25 ; loi du 18 juillet 1837, article 44.

(5) Loi du 1er vendémiaire an IV ; arrêtés des 13 brumaire an IX et 29 prairial an IX ; ordonnances des 18 décembre 1825, 21 décembre 1832, 18 mai 1838 et 17 avril 1839.

(6) Loi du 23 ventôse an IX ; arrêtés des 12 brumaire et 3 nivôse an XI ; décret du 23 septembre 1806 ; ordonnance royale du 21 décembre 1815 ; lois des 23 juillet 1820, 14 juillet 1838, article 4 ; 25 avril 1844.

(7) Arrêtés des 29 floréal an VII, 3 floréal an VIII et 6 nivôse an XI ; loi du 17 août 1822, article 15 ; ordonnance royale du 17 juin 1823 ; lois de finances du 2 août 1829, article 1er ; du 21 avril 1832, article 2, et lois suivantes sur les recettes.

» de visite chez les pharmaciens, droguistes et épi-
» ciers (1), les taxes d'arrosage (2), la rétribution
» des instituteurs primaires (3).

« Les Conseils de Préfecture connaissent égale-
» ment des réclamations contre les rôles de plus-
» value après le desséchement des marais (4).

« 2° *Contributions indirectes*. D'après le prin-
» cipe posé dans l'article 2 de la loi des 7-11 sep-
» tembre 1790, le contentieux en cette matière ap-
» partient généralement aux tribunaux de l'ordre
» judiciaire ; les exceptions à cette règle, introduites
» dans quelques lois , ont été successivement ef-
» facées : à peine peut-on considérer comme se ratta-
» chant aux contributions indirectes l'attribution
» donnée aux Conseils de Préfecture, relativement
» aux réclamations formées par les cultivateurs de
» tabac, qui contestent les résultats des décomptes
» de leurs fournitures ou plantations (5).

---

(1) Décret du 25 thermidor au xɪ ; loi du 15 mai 1818, article
87, et autres lois de finances.
(2) Loi du 25 avril 1844, article 23.
(3) Lois du 28 juin 1833, art. 14 ; du 15 mars 1850, art. 41.
(4) Loi du 16 septembre 1807, arricle 20.
(5) Loi du 21 avril 1816 , articles 201 et 214.

2

« *3° Travaux publics et marchés de fournitures.*

» Les Conseils de Préfecture connaissent : des con-
» testations entre l'administration et les entrepre-
» neurs sur le sens et l'exécution des clauses de leurs
» marchés (1) ; des contestations entre les particu-
» liers et l'administration ou les entrepreneurs qui
» la représentent, pour tous les torts et dommages
» résultant de l'exécution des travaux (autres, toute-
» fois, que ceux qui entraînent la dépossession des
» immeubles), et notamment pour les dommages
» résultant des occupations temporaires de terrains,
» des fouilles et des extractions de matériaux (2) ;
» des contestations relatives à la confection des tra-
» vaux pour le curage des canaux et rivières non
» navigables et pour l'entretien des digues et ou-
» vrages d'art qui y correspondent (3) ; des contes-
» tations entre l'administration et les riverains des
» fleuves et rivières, concernant l'indemnité due

---

(1) Loi du 28 pluviôse an VIII, article 4, paragraphe 2.

(2) Lois du 28 pluviôse an VIII, article 4, paragraphes 3 et
4 ; du 16 septembre 1807, article 57 ; du 21 mai 1836, article 17.

(3) Loi du 14 floréal an XI, article 4.

» pour l'établissement du chemin de halage (1); des
» contestations relatives à l'exécution des travaux
» d'asséchement des mines (2); des demandes d'in-
» demnité à payer par les propriétaires ou extrac-
» teurs de mines, à raison des travaux ou recherches
» antérieurs à l'acte de concession (3); des contesta-
» tions relatives aux frais et honoraires dus aux in-
» génieurs des ponts et chaussées, lorsqu'ils sont
» intervenus, soit pour le règlement des usines et
» prises d'eau, soit pour la réparation des dom-
» mages causés par suite de contraventions aux lois
» et règlements sur la grande voirie (4); des contes-
» tations sur les marchés concernant la grande
» voirie (5); des contestations sur les marchés de
» fournitures passés par les Préfets (6).

« *4° Domaine national.* On sait que la loi du
» 28 pluviôse an VIII a chargé les Conseils de Pré-

---

(1) Décret du 22 janvier 1808.
(2) Loi du 27 avril 1838, article 5.
(3) Loi du 21 avril 1810, article 46.
(4) Décret du 7 fructidor an XII, article 75.
(5) Loi du 28 pluviôse an VIII, article 4.
(6) Décret du 11 juin 1806; ordonnance royale du 27 mai
1816.

» fecture de prononcer d'une manière générale *sur*
» *le contentieux des domaines nationaux*. Cette
» formule fut calculée de manière à faire porter
» devant la juridiction administrative toutes les
» questions, même celles de propriété, qui pou-
» vaient s'élever à l'occasion des ventes de biens na-
» tionaux. La raison politique avait fait déroger pour
» cette matière aux principes de compétence admis
» depuis 1789. Avec le temps, l'exception a cédé
» devant les principes, et il est juste de reconnaître
» que les Conseils de Préfecture, et surtout le Con-
» seil d'Etat, ont loyalement contribué à ramener,
» successivement et selon que les circonstances le
» permettaient, la compétence administrative dans
» les limites du contentieux administratif. On peut
» considérer comme éteinte cette attribution, qui fut
» certainement la plus importante que les Conseils
» de Préfecture reçurent en l'an VIII, et qui donna
» immédiatement de la consistance à l'institution
» naissante. Toutefois, dans l'état de la législation
» et de la jurisprudence, les Conseils de Préfecture
» prononcent, à l'occasion, et par interprétation des
» adjudications administratives, sur les difficultés

» relatives aux ventes des biens provenant du do-
» maine de l'Etat, en ce qui ne touche pas les ques-
» tions de propriété et de droit commun (1) ; sur les
» contestations relatives à la validité et aux effets
« des remboursements de rentes appartenant à
» l'Etat (2). Ils connaissent, d'ailleurs, des contesta-
» tions qui s'élèvent entre l'Etat qui propose et les
» communautés d'habitants qui refusent le rachat
» du droit de pâturage dans les forêts nationales (3) ;
» sur les contestations entre l'administration des
» forêts et les usagers sur l'état et la possibilité des
» forêts nationales pour l'exercice du droit de pâtu-
» rage (4) ; sur les contestations entre l'administra-
» tion des forêts et les usagers, lorsque des cantons
» de bois soumis au droit de pâturage ont été dé-
» clarés non-défensables (5); sur les difficultés qui
» s'élèvent, entre l'administration et les adjudica-

------

(1) Loi du 28 pluviôse an VIII, article 4.

(2) Lois des 28 octobre, 5 novembre 1790, titre IV, articles
20, 21 et 22 ; lois du 13 brumaire an II, articles 4 et 5 ; du 8
floréal an III.

(3) Code forestier, article 64.

(4) Code forestier, article 65.

(5) Code forestier, article 67.

» taires des coupes des bois appartenant à l'Etat, à
» l'occasion du réarpentage et du récolement (1) ;
» sur les difficultés qui s'élèvent entre l'Etat et les
» communes quant à la propriété des sources d'eaux
» thermales (2) ; sur les difficultés entre l'Etat et les
» fermiers des sources minérales qui lui appartien-
» nent , pour défaut de paiement des fermages ou
» inexécution des clauses du bail (3) ; sur les diffi-
» cultés relatives à la domanialité des bacs et pas-
» sages d'eau, et sur les contestations entre l'admi-
» nistration et les fermiers de ces bacs et bateaux (4).

« 5° *Administration des communes et des éta-*
» *blissements publics.* Les Conseils de Préfecture
» connaissent : des anticipations commises sur les
» chemins vicinaux (5) ; des difficultés entre les com-
» munes et les propriétaires de halles , quant au
» droit de location et d'acquisition des bâtiments (6) ;
» des contestations relatives au partage des biens

---

(1) Code forestier, article 50.
(2) Arrêté du 6 nivôse an XI , article 9.
(3) Arrêté du 3 floréal an VIII, article 2.
(4) Loi du 6 frimaire an VII , articles 1 à 7, 35 et suivants.
(5) Loi du 9 ventôse an XIII, article 8.
(6) Loi des 15-28 mars 1790.

» communaux et de leurs fruits (1) ; aux usurpations
» de ces biens, à l'exception du cas où le particulier
» qu'on prétend usurpateur soutient être proprié-
» taire (2) ; des difficultés relatives aux ventes de
» biens communaux faites en vertu de la loi du
» 20 mars 1813 (3) ; des contestations entre l'admi-
» nistration forestière et les communes ou établisse-
» ments publics, lorsqu'il s'agit de convertir en bois
» et d'aménager des terrains en pâturage (4) ; des
» contestations entre les fabriques et soit le nouveau
» titulaire, soit l'ancien, ou les héritiers de l'ancien
» titulaire d'une cure, relativement au compte ou
» à la répartition des revenus de la cure (5) ; des
» contestations entre les départements et les hos-
» pices, au sujet des indemnités qui peuvent être
» réclamées de ces établissements pour l'entretien
» des asiles d'aliénés (6) ; des contestations aux-

---

(1) Loi du 10 juin 1793, section v, articles 1 et 2.

(2) Loi du 9 ventôse an xii, articles 6 et 8 ; avis du Conseil d'Etat du 3 juin 1809, approuvé le 18, article 6.

(3) Lois du 20 mars 1813 et du 28 pluviôse an viii, article 4.

(4) Code forestier, article 90.

(5) Décret du 6 novembre 1813, articles 28 et 47.

(6) Loi du 30 juin 1838, article 28.

» quelles donne lieu l'administration des monts-
» de-piété (1).

« 6° *Exercice des droits civiques*. Les conseils de
» Préfecture connaissent : des difficultés relatives à
» la validité des élections municipales et départe-
» mentales, à l'exception des réclamations fondées
» sur l'incapacité légale des conseillers élus (2) ; puis
» des réclamations contre les inscriptions ou les
» omissions d'inscription sur les listes du jury, à
» moins aussi qu'il ne s'agisse d'incapacité légale (3).
» Le Conseil de Préfecture prononce, d'ailleurs, sur
» la dénonciation du Préfet, et s'il y a lieu, la
» nullité des opérations des maires concernant la
» formation des listes électorales (4).

« 7° *Répression des contraventions*. Le Conseil
» de Préfecture connaît des contraventions aux lois
» et règlements concernant : la police de la grande

---

(1) Décrets du 30 juin 1806 (mont-de-piété de Bordeaux).
article 120 ; du 18 mars 1807 (mont-de-piété de Marseille) , article 125, et décrets relatifs aux autres monts-de-piété.

(2) Lois du 21 mars 1831, article 51 ; du 22 juin 1833, article 52. — Loi du 5 mai 1855, article 45, 46, 47.

(3) Loi du 7 août 1848, article 6.

(4) Loi du 15 mars 1849, article 6. Décret organique du 2
février 1852, article 4.

» voirie relativement aux routes, fleuves, canaux et
» ports maritimes de commerce (1) ; la police du
» roulage (2) ; la police de la grande voirie dans la
» capitale (3) ; la conservation des travaux de dessé-
» chement, des digues contre les torrents, rivières
» et fleuves, et des ouvrages à la mer (4) ; la police
» des carrières et tourbières (5) ; les servitudes
» imposées à la propriété, autour des places de
» guerre et des postes militaires, pour la défense de
» l'Etat (6) ; la police des chemins de fer (7).

« Un décret du 30 prairial an XII a chargé le
» Conseil de Préfecture des Hautes-Pyrénées de pro-
» noncer, par application de la loi du 29 floréal
» an X, sur les constructions, irrigations et dégra-
» dations qui seraient faites en contravention à

---

(1) Loi du 30 floréal an **x** ; décret du 22 janvier 1808, du 16 décembre 1811 et du 10 avril 1812.

(2) Lois du 30 floréal an **x**, du 7 ventôse an XII et du 30 mai 1851.

(3) Décret du 27 octobre 1808 ; ordonnance royale du 24 décembre 1823.

(4) Loi du 16 septembre 1807, article 27 ; décret du 10 avril 1812.

(5) Loi du 21 avril 1810, article 50.

(6) Loi du 17 juillet 1819, article 11.

(7) Loi du 15 juillet 1845, article 11.

» l'arrêt du Conseil du 6 mai 1732, ayant pour
» objet la conservation de l'établissement thermal
» de Barréges.

« 8° *Comptabilité.* Les Conseils de Préfecture
» reçoivent et jugent les comptes des receveurs des
» communes (1), des octrois (2), des hospices et
» autres établissements de bienfaisance (3), des
» économes des écoles normales primaires (4),
» lorsque le revenu n'excède pas 30,000 francs,
» et sauf recours à la Cour des comptes.

« Les Conseils de Préfecture apurent aussi les
» comptes de percepteurs chargés par les associa-
» tions syndicales du recouvrement des fonds des-
» tinés à l'exécution de travaux de desséchement,
» de curage, d'irrigation (5). Enfin ils connaissent
» des comptabilités de fait et occultes que doivent

---

(1) Ordonnance royale du 23 avril 1823, article 6 ; loi du 18 juillet 1837, article 66.

(2) Ordonnance du 15 juillet 1824, article 1.

(3) Ordonnance royale du 22 janvier 1831, article 2 ; loi du 18 juillet 1837, article 66.

(4) Ordonnance royale du 7 juillet 1844.

(5) Loi du 14 floréal an XI et du 16 septembre 1807 ; instruction du ministre des finances, du 17 juin 1840, article 540 ; du 23 janvier 1844.

» faire apurer les maires et tous autres agents ou
» individus qui se sont ingérés, sans qualité, dans
» le maniement des deniers communaux (1).

« 9° A cette nomenclature il faut ajouter diverses
» attributions qu'on ferait difficilement entrer dans
» les catégories qui ont été établies ci-dessus. Ainsi,
» les Conseils de Préfecture connaissent : des oppo-
» sitions contre les autorisations accordées pour
» des ateliers insalubres de deuxième classe (2); des
» réclamations contre les refus d'autorisation pour
» les ateliers de troisième classe, et des oppositions
» contre les autorisations accordées pour des éta-
» blissements de cette même classe (3); des recours
» formés par les parties intéressées contre les déci-
» sions par lesquelles un Conseil municipal a déclaré
» des logements insalubres, et a ordonné, en consé-
» quence, des mesures d'assainissement (4). Il y a
» plus, s'il est reconnu que le logement n'est pas
» susceptible d'assainissement, et que les causes

---

(1) Loi du 18 juillet 1837, article 64.
(2) Décret du 15 octobre 1810, article 7.
(3) Décret du 15 octobre 1810, article 8.
(4) Loi du 13 avril 1850, article 6.

» d'insalubrité sont dépendantes de l'habitation elle-
» même, l'autorité municipale peut, dans un délai
» qu'elle fixe, interdire provisoirement la location de
» ce logement à titre d'habitation ; et l'interdiction
» absolue peut être prononcée par le Conseil de Pré-
» fecture, sauf recours au Conseil d'Etat (1). — En
» outre, les Conseils de Préfecture prononcent : sur
» les réclamations formées par les propriétaires inté-
» ressés contre l'application des limites légales au
» terrain militaire et aux zones des servitudes défen-
» sives autour des places fortes et des postes mili-
» taires (2); sur les contestations entre les proprié-
» taires de bois qui offrent et les communautés d'ha-
» bitants qui refusent le rachat des droits de pâturage
» (3); sur les contestations entre la caisse de Poissy et
» les bouchers (4); sur les contraventions aux lois et
» règlements touchant le bureau des nourrices à
» Paris, et sur les difficultés relatives au recouvre-
» ment des rôles pour la rétribution des nour-
» rices (5). »

---

(1) Loi du 13 avril 1850, article 10.
(2) Loi du 17 juillet 1819, article 9.
(3) Code forestier, articles 64 et 121.
(4) Décret du 6 février 1811, article 32.
(5) Loi du 25 mars 1806, art. 2; décret du 30 juin 1806, art. 5.

Voilà les matières contentieuses sur lesquelles les Conseils de Préfecture étaient appelés à statuer en 1851. Depuis cette époque, diverses lois ont encore étendu la juridiction de ces Conseils : ainsi la loi du 2 mai 1855 sur la taxe des chiens ; la loi du 2 juillet 1862 sur la taxe chevaux et voitures de luxe ; ainsi le décret du 25 mars 1852. Aux termes de ce décret, tab. B, n° 8, c'est devant les Conseils de Préfecture que doivent être portées les oppositions contre les autorisations accordées pour des établissements insalubres de première classe, assimilés dans ce rapport aux établissements insalubres de deuxième classe.

Par l'énumération qui précède on voit combien la juridiction administrative est variée, à combien d'objets divers elle s'applique, combien sont importantes les questions qu'elle est appelée à résoudre.

Il nous reste maintenant à dire comment une affaire de la compétence des Conseils de Préfecture doit être introduite, comment elle doit être instruite, jugée, exécutée, etc ; c'est-à-dire à traiter de la procédure devant les Conseils de Préfecture.

CHAPITRE II.

PROCEDURE.

Pour donner une idée complète, quoique sommaire, de la procédure devant les Conseils de Préfecture, il faut traiter successivement :

1° De la composition des Conseils ;

2° Du mode d'introduire les instances ;

3° De l'instruction ;

4° Des décisions, de leurs formes et de leurs effets ;

5° Des voies de recours contre les décisions rendues par les Conseils de Préfecture ;

6° De quelques procédures particulières.

TITRE I.

Composition des Conseils de Préfecture.

5. Les Conseils de Préfecture se composent du Préfet, président, des Conseillers de Préfecture, du Secrétaire général, du Greffier ; ensuite viennent les agents auxiliaires, dont le ministère est

employé pour la signification des actes de procédure et des décisions rendues par les Conseils.

6. *Du Préfet.* — Le Préfet est président de droit ; il a voix prépondérante en cas de partage. (Loi du 28 pluviôse an VIII, art. 5.)

De bons esprits avaient pensé que, pour assurer l'indépendance des Conseils de Préfecture et convaincre le public que la justice administrative mérite sa confiance aussi bien que la justice ordinaire, il convenait de laisser les Préfets tout entiers au rôle actif de l'administration ; que les admettre comme juges, surtout dans les affaires où l'administration est partie, et juges avec voix prépondérante, c'était rendre la partie trop inégale entre les particuliers et l'administration, et dans tous les cas exposer les décisions les plus honnêtes, les plus justes, aux soupçons de justiciables mal prévenus.

C'était ainsi que concluait M. Boulatignier dans son rapport, ce que demandait le Conseil d'Etat en 1851 ; c'est aussi ce qu'on aurait pu faire sans inconvénient, car le Secrétaire général remplissant les fonctions de ministère public aurait toujours

été là pour défendre les actes de l'administration.

Cependant le décret du 3 décembre 1862 a conservé aux Préfets le droit de juger avec droit de
présider et voix prépondérante en cas de partage.

Est-ce un bien ? est-ce un mal ? Certains Préfets, sans doute, ont su montrer que leur esprit
de justice était à la hauteur de la difficulté ;
qu'à l'occasion ils savaient revenir sur une décision première émanant d'eux-mêmes, et rendre
justice à des personnes privées envers et contre
l'administration.

Toutefois, il faut reconnaître qu'en principe
c'est là une situation mauvaise ; et c'est pourquoi,
sans doute, les Préfets usent si rarement du droit
qui leur est conféré par la loi, de prendre part,
comme juges, aux délibérations des Conseils de
Préfecture.

7. *Des Conseillers de Préfecture.* — Le nombre
des Conseillers de Préfecture varie de trois à
quatre, suivant les départements. A Paris il est de
cinq par exception.

Pour délibérer valablement, les Conseillers de Préfecture doivent être au moins au nombre de trois. Le Préfet compte pour compléter ce nombre. (Décret du 19 fructidor an IX.)

En cas d'insuffisance du nombre des membres du Conseil, c'est au sein du Conseil général qu'il faut prendre les suppléants. (Déc. du 19 fructid. an IX.)

La désignation est faite par les membres restant au Conseil de Préfecture. En cas de partage sur le choix du suppléant, la voix du Préfet est prépondérante. Si le Préfet est absent, c'est la voix du plus ancien d'âge des Conseillers qui doit avoir la prépondérance, à moins que le Préfet, absent du département, ait désigné un Conseiller pour le remplacer, et alors c'est le Conseiller désigné dont la voix a l'effet de départager.

Quand le Préfet n'assiste pas à la séance, la présidence du Conseil appartient au premier des Conseillers inscrits au tableau, à moins que le Préfet absent (1) du département ait désigné un Conseiller pour le remplacer.

____

(1) L'usage reconnaît de même au Préfet présent dans son département le droit de désigner son remplaçant, et c'est ainsi

En cas de partage, le Conseiller désigné par le Préfet pour le remplacer a voix prépondérante comme le Préfet lui-même. (Décret du 19 fructidor an IX, art. 5.)

Mais aucun texte de loi n'autorise à accorder la même prépondérance à la voix du doyen président en l'absence du Préfet.

Du Secrétaire général. — Le Secrétaire général remplit auprès du Conseil les fonctions de Commissaire du gouvernement; il donne des conclusions dans les affaires contentieuses.

Dans les préfectures importantes, où le Secrétaire général ne pourrait tout à la fois faire le service des audiences et remplir ses fonctions comme membre actif de l'administration, des Auditeurs au Conseil d'Etat sont délégués; et ce sont eux qui remplissent les fonctions de ministère public. (Art. 3 du décret du 30 décembre 1862.)

En cas d'absence ou d'empêchement du Secré-

---

que, par son arrêté du 14 février 1863, M. le Préfet de la Seine-Inférieure a pu se réserver le droit de désigner le Conseiller qui devrait le remplacer comme président pour le cas soit d'absence, soit d'empêchement.

taire général ou de l'Auditeur attaché à la préfecture, les fonctions de Commissaire du gouvernement sont remplies par le dernier Conseiller. (Art. 26 de l'arrêté de M. le Sénateur-Préfet du 14 février 1863.)

Du Greffier. — Le Greffier est d'institution nouvelle comme le Commissaire du gouvernement, (art. 5 du décret du 30 décembre) et il a des attributions diverses.

1° Il tient au courant les divers registres prescrits par les règlements, notamment le registre du rôle, qui est divisé par colonnes, de manière à mentionner le numéro d'ordre, la date du dépôt de l'affaire au greffe, les noms des parties, le sommaire de l'affaire, les avertissements, communications et oppositions, la remise du dossier au rapporteur, la date des décisions. (Art. 4 et 28 de l'arrêté de M. le Sénateur-Préfet.)

2° C'est par son intermédiaire, sous sa surveillance et sa responsabilité que se font les communications de pièces. La communication a lieu au Greffe sans déplacement. (Art. 6 et 28 ibid.)

3° C'est le Greffier qui doit aviser les parties, au

moins huit jours à l'avance, par un avis signé de lui, du jour fixé pour le jugement de l'affaire les concernant. (Art. 11 et 28 ibid.)

4° Le Greffier tient la plume aux audiences et en rédige le procès-verbal sur un registre spécial. (Art. 28.)

5° C'est enfin lui qui est chargé de classer les minutes d'arrêtés pour la formation des registres et de préparer les expéditions et copies. (Art. 28.)

Pour les expéditions soit de décisions formant titre, soit de pièces ou renseignements, les droits à percevoir sont ceux fixés par l'art. 37 de la loi du 7 messidor an II. (Art. 29 de l'arrêté ci-dessus.)

10. *Des Agents auxiliaires.* — Les Agents dont le ministère est employé pour la signification des actes de procédure et des arrêtés sont les huissiers, les maires, adjoints, commissaires de police, gardes-champêtres ; toutefois il y a entre les uns et les autres cette différence, que les huissiers peuvent signifier tous actes d'instruction, tous arrêtés, tandis que les maires et les adjoints ne peuvent signifier valablement que les actes con-

cernant l'administration. C'est ce qui sera expliqué plus loin avec plus de détail.

TITRE II.

Du mode d'introduire les instances.

SOMMAIRE :

11. Modes différents d'introduire l'instance, suivant que la partie demanderesse est l'administration ou une personne privée.

12. Quand le Conseil est saisi par une requête, comment elle doit être libellée ?

Nécessité, en règle générale, d'employer le papier timbré. Exception.

A qui la requête doit être adressée ?

Date.

Noms, prénoms, professions, domiciles des parties.

Moyens. Conclusions.

11. Le mode d'introduire les instances varie suivant que la partie demanderesse est l'administration ou une personne privée.

Quand c'est l'administration qui intente la demande, c'est un arrêté du Préfet ou bien le rapport d'un chef de service, ou bien un procès-verbal en matière de contravention qui saisit le Conseil de Préfecture.

La demande est-elle intentée, au contraire, par un particulier soit contre l'administration, soit contre un autre particulier, c'est au demandeur à saisir le Conseil de Préfecture par une requête.

12. Cette requête peut être présentée sous forme de lettre, mémoire, pétition, peu importe.

A cet égard aucune formalité n'est prescrite, si ce n'est l'emploi du papier timbré, et encore y a-t il exception pour les demandes en décharge ou réduction de contributions directes ayant pour objet une cote moindre de 30 fr. (Loi du 13 brumaire an VII.)

Bien qu'aucune formalité ne soit prescrite à peine de nullité, cependant la partie qui voudra intenter une action régulière aura certaines précautions à observer.

Ainsi elle devra adresser sa requête au Préfet, président du Conseil de Préfecture, et non pas au Préfet seulement. Autrement on pourrait se demander si c'est la juridiction contentieuse ou la juridiction gracieuse que le demandeur a voulu saisir.

La requête doit aussi être datée. La date importe surtout quand le demandeur se propose d'interrompre une prescription ou conclut des intérêts à partir du jour de la demande.

Les noms, prénoms, professions, domiciles des parties doivent être indiqués ; sans cette indication, les parties courraient le danger de ne pas recevoir l'avertissement prescrit par l'art. 11 de l'arrêté préfectoral du 14 février 1863 ; elles ne sauraient pas le jour où l'affaire sera appelée à l'audience.

Il importe enfin que la requête indique les moyens et les conclusions.

La mission du Conseil sera ainsi bien déterminée, et il ne sera pas exposé à juger *ultra aut citra petita,* c'est-à-dire à statuer sur un point qui ne lui aurait pas été soumis par la requête ou à omettre de statuer sur un chef de conclusions.

TITRE III.

Instruction des instances.

17. Dispositions spéciales qui régissent le choix des experts dans les cas qui précèdent.

18. Examen de diverses questions auxquelles a donné lieu l'interprétation de l'art. 56 de la loi du 16 septembre 1807 :

1° Comment l'application de cet article a été étendue à tous les dommages quelconques résultant de travaux publics ;

2° En matière de travaux publics, l'ingénieur en chef, tiers-expert de droit, est-il toujours l'ingénieur en chef du département ? *Quid* s'il s'agit d'un travail ayant ses ingénieurs spéciaux ?

3° *Quid* s'il y a des concessionnaires ? Le choix du tiers-expert n'appartient-il pas alors au Préfet, qui peut désigner une personne autre que l'ingénieur en chef ?

19. Comment nulle expertise antérieure ne peut suppléer l'expertise ordonnée par la loi dans les matières qui précèdent ?

20. Deuxième catégorie. Faculté pour le Conseil d'ordonner l'expertise. Comment les experts sont désignés ?

21. Serment des experts.

22. Deux exceptions à la règle que les experts doivent prêter serment :

1° Pour l'ingénieur en chef quand il est tiers-expert

de droit, mais non pas quand il est nommé tiers-
expert par le Préfet dans une contestation entre
un concessionnaire et un particulier ;

2° Pour les experts en matière de contributions directes.

23. Effets de l'expertise.

24. Descente de lieux.

25. Enquête.

26. Comparution personnelle des parties. Serment.

27. Instruction à l'audience.

13. Avant le décret du 30 décembre 1862,
l'instruction des affaires devant les Conseils de
Préfecture se faisait par écrit.

L'instruction orale n'était que l'exception, et
c'était une faculté pour les Conseils de la per-
mettre ou de ne pas l'autoriser.

C'était une anomalie d'autant moins explicable,
que, devant les juges d'appel, des Conseils de Préfecture, le Conseil d'Etat, la discussion orale était
de droit pour les parties.

La réforme était demandée depuis de longues
années ; elle avait été arrêtée en principe plusieurs
fois, notamment en 1851, mais elle n'aboutissait
pas.

Le décret du 30 décembre 1862 est venu subitement donner satisfaction aux réclamations des justiciables, et, il faut le dire, ce décret a été accueilli avec d'autant plus de faveur qu'il était moins attendu.

Aujourd'hui, ce n'est donc plus pour les Conseils de Préfecture une faculté d'admettre ou de rejeter la défense orale. C'est pour les justiciables qu'existe le droit de se faire défendre par écrit ou oralement, à leur choix.

La faculté est générale, elle s'étend à toutes les matières contentieuses ; une seule exception existe, et elle concerne des comptes qui, même devant les tribunaux ordinaires, ne pourraient comporter qu'une instruction écrite.

L'instruction orale admise devant les Conseils de Préfecture, c'est un grand pas fait en avant ; mais il faut bien prendre garde de compromettre le succès obtenu par des abus qui viendraient entraver le cours de la justice administrative.

En se pénétrant bien de l'esprit qui a dicté le décret du 30 décembre 1862, on verra que dans la plupart des affaires, les mandataires devront se borner à présenter des observations succinctes.

La brièveté sera, du reste, d'autant plus facile que les affaires auront été mieux instruites, étudiées avec plus de soin; et nous sommes amenés ainsi à traiter de l'instruction.

14. Souvent les affaires litigieuses sont simples, et dans les mémoires échangés par les parties, requête, réponse ou bien observations orales, se trouvent des éléments qui permettent de statuer sur-le-champ.

Mais parfois aussi le droit n'apparaît pas tout de suite; ou bien la décision étant arrêtée en principe, il s'agit d'en déterminer les conséquences, de fixer un chiffre de dommages-intérêts. Un avant faire droit doit alors être ordonné, et les Conseils de Préfecture ont divers moyens de s'éclairer : expertise, descente de lieu, comparution personnelle des parties, enquête, etc.

15. *De l'expertise*. — Parmi les divers modes d'instruction à la disposition des Conseils de Préfecture, celui qui est le plus souvent ordonné est l'expertise; aussi les monuments de jurispru-

dence sont-ils nombreux sur ce sujet, et est-il im-
portant de bien connaître les règles qui régissent
la matière.

Les principales s'appliquent à la nécessité, aux
formes des expertises dans certains cas, à la désignation, au serment des experts, aux effets des
expertises.

Au point de vue de l'expertise, les affaires de la
compétence des Conseils de Préfecture doivent
être rangées en deux catégories :

1° Celles dans lesquelles la loi impose l'expertise comme une nécessité préalable à toute décision, et réglemente le choix des experts par des
dispositions spéciales ;

2° Celles dans lesquelles l'expertise est une
faculté pour le juge, et dans lesquelles le juge a
aussi le choix des experts, à défaut par les parties
d'en convenir.

16. L'expertise doit nécessairement être ordonnée; il ne dépend pas du juge de la prescrire ou
de ne la pas prescrire :

1° En matière de chemins vicinaux, dans les cas
prévus par les art. 14 et 17 de la loi du 21 mai 1836.

Vu la loi du 21 mai 1836.

Art. 4. — Considérant qu'aux termes de l'art. 14 de la loi du 21 mai 1836, le règlement des subventions spéciales dues à raison des dégradations extraordinaires causées aux chemins vicinaux par les transports faits pour l'exploitation de mines, de carrières, de forêts ou de toute entreprise industrielle, ne peut avoir lieu qu'après expertise contradictoire ;

Considérant qu'il résulte de l'instruction qu'il n'a pas été procédé à une expertise pour le règlement de la subvention de 130 fr. à laquelle le sieur Genty a été imposé par l'arrêté attaqué ;

Art. 1er. — L'arrêté du Conseil de Préfecture de Seine-et-Marne du 8 octobre 1855 est annulé.

Art. 2. — Il est accordé décharge au sieur Genty de la subvention de 130 fr.

Du 6 mars 1856.

Conf. 28 juillet 1849.

2° En matière de contributions directes, quand elle est demandée par un contribuable qui se prétend surtaxé.

Vu l'article 29 de la loi du 21 avril 1832 ;

Considérant que dans la réclamation qu'il a adressée au Conseil de Préfecture pour obtenir une réduction de sa contribution foncière, le sieur Noël déclare donner au sieur Maurin le pouvoir de le représenter dans l'instruction de ladite réclamation ;

Considérant qu'il résulte de l'instruction que, par une lettre adressée le 27 juin 1855 au Préfet de la Seine, le sieur Maurin, au nom dudit sieur Noël, a réclamé dans les délais fixés par l'art. 29 de la loi ci-dessus visée, la vérification par voie d'experts ; que le Conseil de Préfecture ayant statué le 11 juillet de la même année sans qu'il eût été procédé à cette opération, le sieur Noël est fondé à se plaindre qu'il n'ait pas été procédé conformément à la loi.

Art. 1er. — L'arrêté du Conseil de Préfecture de la Seine du 11 juillet 1855 est annulé.

Du 28 février 1856.

3° En matière de travaux publics, quand il s'agit d'évaluer les indemnités dues soit pour occupations de terrains, soit pour dommages quelconques résultant de travaux publics.

Vu la loi du 16 septembre 1807 ;

Considérant que le sieur Pernot avait réclamé une indemnité devant le Conseil de Préfecture pour le dommage direct et matériel qui lui aurait été causé par l'exécution des travaux du chemin de fer de Saint-Dizier à Gray, dans la traverse de la commune de Neuville-lès-Champlette ;

Considérant que le Conseil de Préfecture, avant de statuer sur cette demande, devait faire procéder à une expertise contradictoire, conformément à l'art. 56 de la loi du 16 septembre 1807 ; que cette expertise n'a pas été faite ; que dès-lors il y a lieu d'annuler l'arrêté attaqué.

Du 14 mai 1858.

Beaucoup d'autres décisions dans le même sens sont rapportées dans les volumes 1858, 1857, 1855, 1854, 1853 du recueil des arrêts.

17. Dans ces mêmes matières la désignation des experts n'est pas faite par les Conseils de Préfecture à défaut par les parties d'en convenir. Le choix des experts est règlementé par des dispositions spéciales.

Ainsi, en matière de chemins vicinaux, l'indemnité due pour extraction de matériaux, dépôt, enlèvement de terre, occupation temporaire de terrains, est fixée par le Conseil de Préfecture, sur le rapport d'experts nommés, l'un par le Sous-Préfet, l'autre par le propriétaire. En cas de discord, le tiers-expert est nommé par le Conseil de Préfecture. (Art. 17 de la loi du 20 mars 1836.)

4

La même règle est applicable en cas de subvention due pour dégradation causée à un chemin vicinal par des exploitations de mines, carrières, forêts, etc. (Art. 14, ibid.)

En matière de contributions directes, l'expertise, quand elle est demandée par un contribuable qui se prétend surtaxé, doit être faite par deux experts dont l'un est nommé par le Sous-Préfet, l'autre par le réclamant. (Loi du 21 avril 1832, art. 29.)

En matière de travaux publics, c'est l'art. 56 de la loi du 16 septembre 1807 qui règle l'expertise, et cet article est ainsi conçu :

Les experts pour l'évaluation des indemnités relatives à une occupation de terrain dans les cas prévus au présent titre, seront nommés pour les objets de travaux de grande voirie, l'un par le propriétaire, l'autre par le Préfet; et le tiers-expert, s'il en est besoin, sera de droit l'ingénieur en chef du département. Lorsqu'il y aura des concessionnaires, un expert sera nommé par le propriétaire, un par le concessionnaire, et le tiers-expert par le Préfet.

Quant aux travaux des villes, un expert sera nommé par le propriétaire, un par le maire de la ville et le tiers-expert par le Préfet.

18. L'interprétation de cet article a donné lieu à plusieurs questions dont la solution doit être indiquée :

1° D'après les termes de l'art. 56, il semblerait qu'il s'applique exclusivement aux indemnités relatives à une occupation de terrain ; le Conseil d'Etat décide cependant que tous les dommages quelconques résultant de l'exécution de travaux publics, doivent être évalués par des experts nommés conformément à la loi du 16 septembre 1807.

Le Conseil d'Etat, section du contentieux, vu l'art. 4 de la loi du 28 pluviôse an VIII et celle du 16 septembre 1807 ;

Considérant que le titre 11 de la loi du 16 septembre 1807 a tracé les règles suivant lesquelles seraient fixées non seulement les indemnités dues pour occupations temporaires de terrain, mais encore toutes les indemnités réclamées, soit pour occupations définitives, soit pour simples dommages résultant de travaux publics ; qu'il n'a été dérogé à ces règles, qu'en ce qui concerne l'expropriation pour cause d'utilité publique, et que l'art. 56 qui, lorsqu'il y a lieu à tierce-expertise, appelle l'ingénieur en chef à remplir les fonctions de tiers-expert, est demeuré applicable au cas de simples dommages de la nature de ceux pour lesquels réclame le sieur Lheurin ; que, dès-lors, c'est à tort que le Conseil de Préfecture de Seine-et-Oise, rejetant du débat l'avis donné le 7 septembre 1846 par l'ingénieur en chef, a, par l'arrêté attaqué, nommé lui-même le tiers-expert. 19 janvier 1850.

2° D'après le texte de l'art. 56, on pourra croire aussi que l'ingénieur en chef désigné comme tiers-expert par la disposition première de l'art. 56 de la loi du 10 septembre 1807, est toujours *l'Ingénieur en chef du Département*. Ce serait une erreur. La tierce-expertise revient à l'Ingénieur en chef de l'entreprise, quand il s'agit d'un travail d'utilité publique ayant ses ingénieurs spéciaux ; c'est encore ce qu'a décidé l'arrêt du Conseil-d'Etat ci-dessus cité :

Sur les conclusions du sieur Lheurin tendant à ce que cet avis (de l'Ingénieur en chef) soit écarté, ou à ce qu'il soit procédé à une nouvelle expertise : 1° parce que l'avis du 7 novembre 1846 aurait été donné par l'Ingénieur en chef du chemin de fer du Nord, au lieu d'émaner de l'Ingénieur en chef du département, conformément à l'art. 56 précité ;

Considérant que les ingénieurs spécialement attachés à des ouvrages d'utilité publique remplissent, en ce qui concerne ces ouvrages, les fonctions attribuées par les lois et réglements de la matière aux ingénieurs du service ordinaire des arrondissements et départements ; que dès-lors c'est à l'Ingénieur en chef du chemin de fer du Nord qu'il appartenait de procéder, comme tiers-expert, au règlement de l'indemnité réclamée pour un dommage attribué à la construction de ce chemin.

3° Quand il y a des concessionnaires, on voit par l'art. 56 de la loi du 16 septembre 1807, que le tiers-expert n'est pas de droit l'Ingénieur en chef.

La désignation appartient au Préfet, et celui-ci peut nommer toute personne à son choix.

En ce qui touche la nomination du tiers-expert. Considérant que, aux termes de l'art. 56 de la loi du 16 septembre 1807, le tiers-expert, lorsqu'il y a un concessionnaire, doit être nommé par le Préfet ; qu'ainsi dans l'espèce, le Préfet, en nommant pour tiers-expert, une autre personne que l'Ingénieur en chef du département, n'a pas violé la dite loi.

1er juin 1850.

19. Une observation générale s'applique aux expertises en matière de chemins vicinaux, contributions directes et travaux publics. C'est que non-seulement l'expertise est obligatoire pour le juge ; mais aussi, qu'elle doit avoir lieu dans les formes prescrites par la loi, à peine de nullité de la décision à intervenir.

De là il suit que le Conseil d'Etat n'hésiterait

pas à annuler un arrêté du Conseil de Préfecture
fondé sur une expertise antérieure ordonnée dans
la même cause, soit par un tribunal civil, soit par
un tribunal de commerce, soit par un président
de tribunal jugeant en référé.

Considérant qu'en cas de dommage causé aux pro-
priétés privées par des travaux publics, lorsque le propriétaire et le concessionnaire ne sont pas d'accord sur
l'évaluation du dit dommage, il doit, aux termes de l'art.
56 de la loi du 16 septembre 1807, être procédé à une
expertise dans les formes y spécifiées ;

Considérant qu'il résulte de l'instruction que le Conseil
de Préfecture du Haut-Rhin, au lieu de se conformer
aux prescriptions du dit article et de faire procéder à
l'expertise contradictoire réclamée par la Compagnie requérante, a pris pour base de son appréciation une expertise antérieure ordonnée par un tribunal civil et soumise
à des formalités différentes de celles de la loi de 1807 ; que
dès-lors il y a lieu d'annuler pour vice de forme, la disposition de l'arrêté attaqué prononçant une condamnation
au profit du sieur Beyer contre la Compagnie, et de renvoyer les parties devant le Conseil de Préfecture pour y
procéder à une expertise régulière.

Du 22 juin 1850.

Conf. 12 juillet 1855 ; 23 mars 1854.

20. Voilà les contestations dans lesquelles l'expertise est obligatoire, et le choix des experts réglementé par des dispositions spéciales.

Dans les matières autres que celles qui précèdent, l'expertise est une faculté pour les Conseils de Préfecture.

Les dispositions du Code de Procédure doivent alors être appliquées, et il s'ensuit que c'est seulement à défaut d'une indication faite par les parties que les experts doivent être nommés d'office par le juge.

Considérant que si, dans le cours d'une instance, une expertise est reconnue nécessaire, bien qu'aucune loi ne la rende obligatoire, les Conseils de Préfecture ne peuvent s'affranchir des prescriptions légales, soit pour la nomination des experts, soit....

Considérant qu'il résulte de l'instruction que les parties n'ont pas été mises en demeure de nommer des experts.

Du 26 mars 1850.

Conf. 14 septembre 1852, 9 décembre 1852.

21. *Serment.* — Quels qu'ils soient, qu'ils aient été nommés conformément aux règles du droit commun ou en vertu de lois spéciales, tous les

experts doivent d'ailleurs prêter serment avant de procéder à l'expertise.

Considérant qu'il résulte de l'instruction qu'il a été procédé à l'expertise sur laquelle le Conseil de Préfecture a prononcé, sans que les experts aient prêté serment; que dès-lors il y a lieu d'annuler la dite expertise et l'arrêté du Conseil de Préfecture auquel elle sert de base.

Du 2 avril 1857.

22. A la règle générale que les experts doivent prêter serment, il y a plusieurs exceptions :

1° L'ingénieur en chef, tiers-expert de droit, en vertu de l'art. 56 de la loi de 1807, n'est pas tenu de prêter serment ; mais cette exception ne saurait être étendue à l'ingénieur en chef nommé tiers-expert par le Préfet dans une contestation entre un concessionnaire et un propriétaire.

La raison de cette distinction est que l'ingénieur en chef accomplit un acte de ses fonctions quand il est tiers-expert de droit, tandis qu'il procède comme un simple expert, et non pas comme fonctionnaire, quand il est désigné par le Préfet.

Considérant qu'il résulte de l'instruction que le sieur Boniceau, ingénieur en chef du service maritime et hydraulique du département de la Manche, a été designé par le Préfet de ce département comme tiers-expert dans la contestation pendante entre le baron Doyen et le concessionnaire du canal de Vire et Rante ;

Considérant que les opérations de cette tierce-expertise ont eu lieu sans que ledit Boniceau eût préalablement prêté serment ;

Considérant que si, dans le cas où l'ingénieur en chef est tiers-expert de droit, aux termes de l'art 56 de la loi de 1807, il accomplit un acte de ses fonctions pour lequel il n'est pas tenu de prêter serment, ledit ingénieur doit, au contraire, accomplir cette formalité lorsque la demande en indemnité étant formée contre un concessionnaire, il ne remplit la mission de tiers-expert qu'en vertu d'une désignation faite par le Préfet ;

Considérant que dès-lors la tierce-expertise à laquelle a procédé le sieur Boniceau et qui a servi de base à l'arrêté attaqué est irrégulière, et que par suite il y a lieu d'annuler ledit arrêté.

Du 29 mai 1856.

2° En matière de contributions directes, les experts ne sont pas non plus tenus de prêter serment.

Considérant que, au cas où il y a lieu de procéder à une vérification par voie d'experts, en vertu de l'art. 29 de la loi du 21 avril 1832, cette opération a lieu sous la

direction du contrôleur des contributions directes,
chargé d'en rédiger le procès-verbal; que les formes de
cette opération sont réglées par les lois ci-dessus visées
et par l'arrêté du gouvernement du 24 floréal an VIII, et
qu'aucune des dispositions de ces lois ou arrêté n'impose
aux experts l'obligation de prêter serment.

Du 14 février 1856.

Conf. 5 janvier 1858.

23. *Effets de l'expertise.* — L'expertise, quand
bien même elle est régulière, n'a pas pour effet de
lier les Conseils de Préfecture.

Considérant qu'alors même que l'expertise eût été
régulière elle ne pouvait lier le Conseil de Préfecture.

Du 4 juillet 1845.

Considérant que les experts ont, d'un commun accord,
pris pour base de leur estimation le nombre respectif
des voitures appartenant aux communes, à l'administration forestière et aux usiniers qui parcourent les chemins
réparés, en ayant égard au poids des chargements; qu'il
se sont divisés seulement dans leurs conclusions; que le
Conseil de Préfecture, en adoptant les mêmes bases, a pu
en tirer des conséquences différentes.

Du 16 janvier 1828.

De là il suit que si, après une première expertise, le Conseil de Préfecture ne se trouve pas

suffisamment éclairé, il peut ordonner une expertise supplémentaire ; mais les nouveaux experts doivent toujours être désignés suivant les règles spéciales de la matière.

Considérant qu'aux termes de l'art. 56 (de la loi de 1807) les experts chargés d'évaluer les indemnités dues pour occupation de terrain doivent être nommés l'un par le propriétaire, l'autre par le Préfet, et que le tiers-expert, s'il en est besoin, est de droit l'ingénieur en chef du département ;

Considérant que si le Conseil de Préfecture trouvait insuffisante l'expertise qui avait eu lieu, et jugeait nécessaire d'ordonner une expertise supplémentaire, il devait se conformer, pour la nomination des experts, aux prescriptions dudit article ; que dès-lors, en désignant lui-même trois nouveaux experts par son arrêté du 26 février 1856, il a contrevenu aux dispositions de la loi précitée et excédé ses pouvoirs.

Du 6 juin 1856.

24. *Descente de lieux.* — Au lieu d'ordonner une expertise, le Conseil de Préfecture pourrait se transporter sur les lieux ou charger un de ses membres de faire l'accession.

Ce mode d'instruction est doublement avantageux, parce qu'il permet aux juges de voir par eux-mêmes et qu'il n'entraîne pas de frais pour les parties ; aussi est-il souvent employé.

25. Enquête.

Les enquêtes régulières sont rares devant les Conseils de Préfecture, parce qu'elles entraînent des lenteurs et des dépenses, et qu'il est de l'essence de la procédure administrative d'être sommaire et économique.

Si une enquête était ordonnée, il faudrait procéder suivant les formes de la procédure civile. Telle est la jurisprudence du Conseil d'Etat en matière d'expertise, et il y a même raison de l'appliquer ici.

Mais généralement le Conseil de Préfecture préfère charger un de ses membres de prendre des renseignements.

Ce mode de procéder est plus simple, plus écomique, et sa légalité a été consacrée par la jurisprudence du Conseil d'Etat.

Sur le moyen tiré de ce que le Conseil de Préfecture aurait fait procéder à une enquête sans l'avoir préalablement ordonnée par un arrêté spécial et sans avoir délégué à cet effet un de ses membres, et de ce que cette enquête aurait eu lieu sans accomplissement des formalités requises en cette matière ;

Considérant qu'il résulte de l'instruction que le Conseil de Préfecture n'a pas ordonné une enquête et s'est borné à charger un de ses membres de recueillir des renseignements sur les faits allégués ; qu'aucune loi ne mettait obstacle à ce mode d'information et ne déterminait dans quelle forme il devait y être procédé.

Du 24 avril 1856.

26. Comparution personnelle. —Serment.

Le Conseil de Préfecture pourrait aussi ordonner la comparution personnelle des parties pour entendre leurs explications. Mais le Conseil d'Etat n'admet pas que le serment décisoire puisse être déféré devant la justice administrative, même lorsque le débat existe entre un concessionnaire et un simple particulier.

Considérant que les art. 1358 et suivants du Code civil, relatifs aux serments décisoires ne s'appliquent qu'aux contestations portées devant les tribunaux ; qu'aucune disposition légale n'en a étendu les effets à la juridiction administrative, et que des motifs d'ordre public s'opposent à ce qu'un tel serment soit déféré devant cette juridiction.

La raison d'intérêt public qui ne permet pas

que le serment décisoire puisse être déféré quand l'administration est en cause, soit par un agent de de l'administration, soit à un agent ; on la comprend bien. Mais quand l'administration n'est pas personnellement engagée dans le débat, comment l'ordre public peut-il être intéressé à ce qu'un serment ne soit pas déféré, soit par un concessionaire, soit à un concessionnaire ? Est-ce que ce n'est pas pousser trop loin l'assimilation du concessionnaire à l'administration qu'il représente.

27. Voilà les principaux moyens d'instruction que nous devions indiquer.

Les éléments de décision étant réunis, l'affaire étant instruite, il s'agit maintenant de la faire venir à l'audience, et tout d'abord de mettre les parties en demeure de présenter leurs défenses.

A cet effet elles sont avisées, au moins huit jours à l'avance, par un avis du greffier du jour fixé pour le jugement des affaires les concernant. (art. 11 de l'arrêté de M. le Sénateur Préfet.)

Puis, l'affaire étant appelée, au jour indiqué, commence l'instruction de l'audience et il faut reconnaître que cette instruction présentera désormais toutes les garanties désirables.

Le rapporteur fait d'abord le rapport.

Après le rapport, les parties sont entendues soit en personnes, soit par mandataires.

Après les observations des parties, le Ministère public donne ses conclusions.

On a ainsi la quadruple garantie de l'étude faite par le Conseiller rapporteur, par chaque conseil des parties, par le Ministère public ; et c'est seulement après avoir entendu les uns et les autres que le Conseil est appelé à statuer.

TITRE IV.

Des arrêtés des Conseils de Préfecture.

SOMMAIRE :

28. Doivent-ils être précédés de l'intitulé et suivis du mandement exécutoire ?
28. Enonciations substantielles.
    1° Noms des parties ;
    2° Visa des pièces ;
    3° Visa des lois appliquées en matière pénale.
    4° Motifs ;

5° Dispositif ;

6° Signature de trois Conseillers au moins ;

7° Défense aux Conseils de statuer par voie de disposition règlementaire et générale ;

8° Id. de juger *ultrà petita* ;

9° Dépens. Exception à la règle que la partie qui succombe doit être condamnée aux dépens en faveur de l'administration.

30. Force exécutoire. Hypothèque judiciaire.

31. Droit pour chaque partie d'obtenir une expédition de l'arrêté rendu.

32. Signification. Comment la forme de la signification varie suivant qu'elle est faite :

1° A la requête d'une personne privée ;

2° A la requête d'une commune, d'un département ;

3° Ou de l'administration supérieure.

33. Exécution. Pourrait-elle être empêchée par un recours devant le Conseil d'Etat ?

34. Les Conseils de Préfecture peuvent-ils connaître de l'exécution de leurs arrêtés ?

28. Les arrêtés des Conseils de Préfecture doivent-ils être précédés de l'intitulé et suivis du mandement exécutoire de même que les jugements et les arrêts des Cours impériales ?

La question soumise au Conseil d'Etat a été résolue par les comités du contentieux et de l'intérieur réunis, dans les termes suivants :

Considérant que la juridiction administrative exercée par les Conseils de Préfecture, et celle qui appartient aux tribunaux formant deux ordres de juridiction essentiellement distincts dans leur nature et leur objet, il y aurait inconvénient à assimiler les formules employées dans les jugements qui émanent de l'un et de l'autre.

Sont d'avis qu'il n'y a lieu de donner aux décisions des Conseils de Préfecture un intitulé, ni d'y joindre un mandement semblable à ceux qui sont déterminés pour les arrêts des cours et tribunaux.

Du 5 février 1826.

29. Comment donc seront formulées les décisions des Conseils de Préfecture?

Il n'y a pas de forme sacramentelle, et il suffira que l'arrêté indique :

1° Les noms des parties, afin qu'il résulte de la sentence même, que c'est entre telles personnes, agissant en telle et telle qualité que le débat a existé ;

2° Le visa des pièces, requête, réponse, etc., afin qu'on puisse vérifier si la décision a été contradictoire ou par défaut, si le Conseil de Préfecture a statué sur tous les chefs de contestation, ou s'il n'a pas jugé *ultrà petita*.

3° Le visa des lois appliquées, chaque fois qu'une condamnation pénale est prononcée.

Vu l'art. 163, code d'instruction criminelle.

Considérant que le Conseil de Préfecture de la Nièvre, en prononçant une amende, aurait dû viser l'arrêt du Conseil du 27 février 1765, en vertu duquel il prononçait cette peine.

Du 26 octobre 1836.

4° Les motifs de la décision, à peine de nullité.

Considérant que l'arrêté du Conseil de Préfecture n'est pas motivé, que dès-lors il doit être annulé.

Du 18 novembre 1846.

Quand le débat porte sur plusieurs chefs, la décision doit être motivée sur chaque chef de contestation.

Sur le moyen tiré de ce que l'arrêté attaqué ne serait pas motivé dans celle de ses dispositions par laquelle il a implicitement rejeté le chef de demande présenté par la dame veuve Pisque, à l'effet d'obtenir une indemnité de 10,000 fr. pour le préjudice qu'elle aurait éprouvé depuis l'établissement des perrons;

Considérant que le dit arrêté ne contient aucun motif à cet égard ; qu'il y a lieu, dès-lors, d'en prononcer l'annulation dans la disposition dont il s'agit.

Du 17 mai 1851.

Mais un arrêté est suffisamment motivé quand le Conseil de Préfecture déclare se référer à un avis motivé de l'instruction.

Considérant que le Conseil de Préfecture, en se référant aux avis développés des agents des contributions directes, a suffisamment motivé son arrêté.

Du 24 janvier 1845.

Considérant que le Conseil de Préfecture en se référant au rapport de l'ingénieur ordinaire des ponts et chaussées dans lequel sont examinés tous les chefs de réclamation présentés par le sieur Rave-Igouneux, et en déclarant que, pour tous les chefs, une indemnité de 4,834 fr. dont il donnait les éléments, serait une compensation équitable des pertes et du surcroit des dépenses de l'entreprise et une juste application des dispositions de l'art. 16 du cahier des charges, a suffisamment motivé son arrêté.

Du 6 juin 1856.

5° Le dispositif. C'est la partie essentielle de l'arrêté ; on peut même dire que sans dispositif il n'y a pas d'arrêté.

Considérant que la pièce qui est produite devant nous comme un arrêté par lequel le Conseil de Préfecture du Pas-de-Calais aurait rejeté la demande du sieur Robin-Delforge, tendant à obtenir la réduction de la contribution des portes et fenêtres à laquelle il a été assujéti pour l'année 1853, ne contient pas de dispositif et ne peut être considérée comme une décision.

Du 5 août 1854.

Conf. 19 avril 1855.

6° Les signatures des Conseillers de Préfecture qui ont arrêté la décision ; et ces signatures doivent être au moins au nombre de trois, à peine de nullité.

Considérant, quant à ce qui concerne l'arrêté du Conseil de Préfecture du 7 avril 1817, que le dit arrêté n'est signé que de deux membres , et doit être déclaré nul, ayant été pris en contravention formelle aux dispositions de l'arrêté du gouvernement du 19 fructidor an ix.

On peut indiquer encore, comme se rattachant à la forme, les prescriptions suivantes :

7° Que les Conseils de Préfecture, pas plus que les tribunaux civils, ne peuvent disposer pour l'avenir et par voie réglementaire.

Considérant qu'en statuant non-seulement pour le litige spécial dont il était saisi, mais aussi par voie de disposition générale et réglementaire pour l'avenir, le Conseil de Préfecture a excédé ses pouvoirs.

Du 6 avril 1850.

8° Que les Conseils ne peuvent juger *ultrà petita*.

Sur le droit proportionnel.

Considérant que le sieur Rallard déclare n'avoir formé aucune réclamation à cet égard ; d'où il suit que le Conseil de Préfecture n'a pu, sans excéder ses pouvoirs, prononcer une réduction sur ce droit.

Du 8 mars 1844.

Sur le moyen tiré de ce que le Conseil de Préfecture aurait statué *ultrà petita* en annulant toutes les opérations électorales.

Considérant que le Conseil de Préfecture n'était appelé à statuer sur la validité des opérations électorales de la commune de Cornille, que par suite de la protestation des sieurs Laguarrigue et autres, qui se bornaient à demander l'annulation de l'élection des deux derniers conseillers portés au tableau ; que dès-lors, le Conseil de Préfecture, en annulant toutes les élections, a statué en dehors de la demande formée devant lui.

Du 14 mai 1856.

Conf. 4 mai 1843.

9° Que les Conseils de Préfecture doivent statuer sur les dépens et les liquider. Sur ce point, c'est

encore dans le code procédure (art. 130 et 131),
qu'il faut aller puiser les raisons de décider ;
c'est-à-dire que la partie qui succombera devra être
condamnée aux dépens , et que si les parties suc-
combent respectivement sur quelques chefs , les
dépens pourront être compensés.

Telle est la règle générale ; mais à côté de la
règle il y a une exception qu'il importe de signaler.

Quand l'Etat est en cause par une de ses grandes
administrations , le ministère de la guerre, des
travaux publics, les contributions directes, etc.,
le Conseil d'Etat n'admet pas qu'une condamnation
aux dépens puisse intervenir contre l'Etat ou à son
profit. Dans ce cas c'est à chaque partie à suppor-
ter ses dépens, et les frais communs doivent se par-
tager également.

En ce qui touche la disposition de l'arrêté attaqué qui
a condamné notre ministre de la guerre aux dépens.
Considérant qu'aucune disposition de loi ou de règlement
n'autorise à prononcer les dépens à la charge ou au profit
de l'administration lorsqu'elle procède devant les Conseils
de Préfecture.

Du 12 avril 1855.

30. Force exécutoire. Effets des arrêtés rendus par les Conseils de Préfecture.

Bien qu'ils ne soient précédés de l'intitulé ni suivis du mandement, les arrêtés rendus par les Conseils de Préfecture ont cependant la même force exécutoire que les jugements émanant des tribunaux ordinaires, et ils emportent hypothèque.

C'est ce qui résulte d'un avis du Conseil d'Etat du 25 thermidor XII.

Considérant que les administrateurs auxquels les lois ont attribué, pour les matières qui y sont désignées, le droit de prononcer des condamnations ou de décerner des contraintes, sont de véritables juges, dont les actes doivent produire les mêmes effets et obtenir la même exécution que ceux des tribunaux ordinaires ;

Et que ces actes ne peuvent être l'objet d'aucun litige devant les tribunaux ordinaires sans troubler l'indépendance de l'autorité administrative, garantie par les constitutions de l'Empire français ;

Est d'avis : 1° Que les condamnations et les contraintes émanées des administrateurs dans les cas et pour les matières de leur compétence, emportent hypothèque de la même manière et aux mêmes conditions que celles de l'autorité judiciaire.

2° Que, conformément aux art. 2157 et 2159 du code civil, la radiation non consentie des inscriptions hypothécaires faites en vertu des condamnations prononcées ou de contraintes décernées par l'autorité administrative, doit être poursuivie devant les tribunaux ordinaires ; mais que si le fond du droit y est contesté, les parties doivent être renvoyées devant l'autorité administrative.

31. On a vu comment les décisions des Conseils de Préfecture devaient être formulées ; que sous le rapport de la force exécutoire, elles devaient être mises sur la même ligne que les jugements ordinaires et produisaient les mêmes effets.

Il reste à dire maintenant les formalités à remplir pour arriver à l'exécution forcée des arrêtés rendus par les Conseils de Préfecture.

Expédition.—Il faut d'abord prendre une expédition de la décision rendue, et il n'appartient à qui que ce soit de refuser cette expédition.

Considérant que l'arrêté du Conseil de Préfecture du département du Rhône, en date du 26 août 1844, régulier en la forme, est un acte dont il n'appartenait au Préfet de ce département ni de contester le caractère, ni de refuser une expédition au sieur Loyson de Chastelin au profit de qui il a été rendu.

Du 11 août 1849.

32. Il faut ensuite signifier l'arrêté : mais la forme de la signification à faire varie suivant la qualité des parties :

1° La décision a-t-elle été rendue au profit d'une personne privée, soit contre une autre personne privée, soit contre une commune, un établissement public, ou l'administration?

La signification doit être faite suivant les formes prescrites par le code de procédure civile, c'est-à-dire, par huissier.

En ce qui concerne la fin de non-recevoir présentée par les défendeurs (c'étaient des propriétaires de Salins qui élevaient une fin de non-recevoir fondée sur ce que la commune, leur adversaire, aurait eu connaissance d'une décision du 29 octobre 1827, puisque le 12 mai 1828, elle délibérait sur cette décision).

Considérant qu'ils ne seraient fondés à opposer à la commune que son pourvoi n'a pas été formé dans les délais prescrits par le décret du 22 juillet 1806, qu'autant qu'ils auraient fait signifier à la dite commune dans les formes réglées par le code de procédure civile, l'arrêté du Conseil de Préfecture rendu à leur profit; qu'ils n'établissent pas que cette signification ait eu lieu.

Du 28 février 1831.

Même décision entre particuliers.

Du 25 juillet 1834.

La raison de procéder ainsi se comprend faci-
lement. A la différence des communes, des départements, de l'Etat , etc., qui ont à leur service des
agents ayant capacité pour verbaliser, les personnes
privées n'ont pas le même avantage : c'est pourquoi
le ministère de l'huissier est obligatoire pour
elles.

2° La décision a-t-elle été rendue au contraire,
au profit d'une commune, d'un département? —
La signification pourra se faire en la forme administrative.

Autrefois, il est vrai, le Conseil d'Etat jugeait
qu'une signification faite à la requête d'une commune en la forme administrative, n'était pas
suffisante.

Sur la fin de non-recevoir opposée par la commune de Sainte-Gemme,

Considérant d'une part que la notification administrative du 23 juin 1829 était insuffisante pour faire courir les
délais du pourvoi, et d'autre part, que la signification
régulière de l'arrêté attaqué ne datant que du 9 février
1830, le recours des héritiers Piot a été formé dans les
délais du règlement.

Du 22 avril 1831.

En ce qui touche la fin de non-recevoir. Considérant qu'il s'agissait dans l'espèce d'une contestation entre commune et particuliers, et que dès-lors la notification administrative des deux arrêts en question n'était pas suffisante pour faire courir le délai du recours établi par le règlement.

Du 25 novembre 1831.

Sur la fin de non-recevoir tirée du défaut de pourvoi dans le délai du recours. Considérant qu'il s'agissait dans l'espèce d'une contestation entre une commune et un particulier, et dès-lors, le délai du pourvoi contre les deux arrêtés ne pouvait courir à l'égard du sieur Dumas, qu'à dater de leur signification, à lui faite, par huissier, à la requête de la commune.

Du 9 mars 1832.

Même décision entre un particulier et l'hospice de Laon.

Du 1er avril 1830.

Mais la jurisprudence s'est modifiée, et il est constant aujourd'hui que les communes, les départements, peuvent employer la forme administrative pour faire leurs significations.

C'est ce qui a été jugé par de nombreux arrêts ; et, par les citations qui suivent, on va voir que la notification peut être faite valablement, soit par les Sous-Préfets, soit par les Maires, soit même par les Commissaires de police ou les Gardes champêtres.

Notification par un Sous-Préfet. — Le sieur Grandidier soutenait que la notification qui lui avait été faite par le Sous-Préfet n'avait pas eu pour effet de faire courir contre lui le délai du recours, et qu'il aurait fallu pour cela une signification faite par huissier, à la requête de la commune, cette dernière étant partie privée en la cause.

Mais le Conseil d'Etat,

Considérant que l'arrêté du Conseil de Préfecture des Vosges du 29 août 1846 a été notifié au sieur Grandidier le 14 septembre suivant ; qu'ainsi le pourvoi dudit sieur Grandidier, introduit seulement le 24 septembre 1847, a été formé hors du délai de trois mois fixé par l'art. 11 du décret du 22 juillet 1806.

Les requêtes du sieur Grandidier sont rejetées.

Du 14 juin 1851.

Notification par un Maire. — Considérant qu'il résulte de l'instruction que les arrêtés attaqués du Conseil de Préfecture de la Nièvre ont été notifiés (les arrêtés avaient été rendus au profit d'une Commune et notifiés par le maire) aux sieurs Duplessis les 13 janvier et 17 mars 1850 ; que la requête sus-visée n'a été présentée que le

3 septembre de la même année, par conséquent après l'expiration du délai de trois mois fixé par l'art. 11 du décret du 22 juillet 1806.

Du 15 juillet 1852.

Notification par un Commissaire de police. — Considérant qu'il résulte du procès-verbal sus-visé du commissaire de police de Thionville que l'arrêt attaqué a été régulièrement notifié aux sieurs Didion, associés, en la personne de l'un d'eux, le 8 janvier 1851, et que le recours desdits sieurs Didion n'a été formé que le 22 avril suivant, c'est-à-dire en dehors du délai de trois mois fixé par l'art. 11 du règlement du 22 juillet 1806.

Du 6 janvier 1853.

Notification par un Garde champêtre. — Considérant qu'il résulte de l'instruction que l'arrêté du Conseil de Préfecture des Hautes-Pyrénées du 23 novembre 1844 (rendu au profit de la commune de Pouzac) a été notifié administrativement au sieur Blasion par le garde-champêtre de la commune de Pouzac, le 15 février 1848 ; que l'arrêté dudit Conseil de Préfecture du 18 mars 1845 a été notifié dans la même forme au sieur Blasion, le 22 août 1847 ; que le pourvoi formé par le sieur Blasion contre lesdits arrêtés n'a été enregistré au secrétariat du contentieux de notre Conseil d'Etat que le 2 octobre 1850, et que dès-lors ledit pourvoi est non recevable, comme n'ayant été introduit qu'après l'expiration du délai de trois mois fixé par l'art. 11 du décret du 22 juillet 1806.

Du 17 février 1853.

3° Quant à l'administration supérieure, il a toujours été reconnu qu'elle pouvait notifier en la forme administrative les décisions rendues à son profit, et que cette signification était suffisante.

33. *Exécution.* — L'arrêté une fois rendu, expédié, signifié, peut être mis à exécution.

Le recours même au Conseil d'Etat n'aurait point d'effet suspensif, à moins qu'il n'en fût autrement ordonné par le Conseil d'Etat lui-même. (Art. 3 du règlement du 22 juillet 1806.)

C'est, en effet, une présomption légale que les affaires administratives requièrent urgence et célérité; et tandis que devant les tribunaux ordinaires l'exécution provisoire est l'exception, elle est de règle générale en matière administrative.

34. Toutefois il peut arriver que des obstacles surviennent lors de l'exécution. Si des difficultés existent, par qui devront-elles être jugées? Les Conseils de Préfecture peuvent-ils connaître de l'exécution de leurs jugements?

Non, en règle générale. Ainsi, pour arriver au paiement d'une somme arbitrée par le Conseil de Préfecture, une saisie-arrêt est pratiquée, ou bien une saisie-exécution, ou bien une saisie immobilière ; toutes les difficultés qui pourront naître incidemment à ces saisies, actions en main levée, en nullité, etc., seront de la compétence exclusive des tribunaux ordinaires.

Pour qu'il en fût autrement, il faudrait que la difficulté fût administrative, et ce serait alors un devoir pour les tribunaux civils de s'abstenir, pour ne point empiéter sur le domaine administratif.

TITRE V.

Des voies de recours contre les décisions rendues par les Conseils de Préfecture.

SOMMAIRE.

35. Voies de recours ouvertes soit aux personnes qui ont été parties dans l'instance, soit aux personnes restées étrangères au débat.

§ 1er. *De l'opposition.*

36. Quels arrêtés sont par défaut et par cela même susceptibles d'opposition ?

§ 3. *De la tierce-opposition.*

50. A quelles conditions on peut se rendre tiers-opposant à un arrêté du Conseil de Préfecture.
51. Délai.

35. Les voies de recours contre les arrêtés des Conseils de Préfecture varient suivant que les personnes qui veulent attaquer ces arrêtés ont été parties dans l'instance ou bien sont restées étrangères au débat.

Pour les personnes qui ont été parties dans l'instance, les voies de recours ouvertes contre la décision intervenue sont l'opposition ou le pourvoi devant le Conseil d'Etat, suivant que le Conseil de Préfecture a statué par défaut ou contradictoirement.

Pour les personnes restées étrangères au débat et qui, se prétendant lésées par l'arrêté intervenu, veulent l'attaquer, la voie de recours ouverte est la tierce opposition.

§ 1er. *De l'Opposition.*

Trois points sont à examiner :

6

1° Quels arrêtés sont par défaut, et par cela même susceptibles d'opposition ;

2° Quel est le délai dans lequel l'opposition doit être formée ;

3° Dans quelle forme la requête d'opposition doit être présentée.

36. *Arrêtés par défaut.* Pour déterminer quelles décisions sont par défaut, lesquelles sont contradictoires, la règle est facile à déterminer. Les arrêtés des Conseils de Préfecture ne peuvent être considérés comme contradictoires, que lorsque les parties ont fourni des défenses, *depuis le débat*, soit par elles-mêmes, soit par des mandataires régulièrement constitués, ou qu'elles ont comparu dans une expertise.

En ce qui touche l'arrêté du 12 novembre 1852.

Considérant que ledit arrêté est intervenu dans une contestation soulevée par la compagnie concessionnaire du pont de Franz, et qu'il a été rendu sur le vu d'un mémoire en date du 4 juin 1850, par lequel ladite compagnie exposait l'objet et les motifs de sa demande ; qu'ainsi cet arrêté a été rendu contradictoirement et n'était pas susceptible d'être attaqué par la voie de l'opposition.

Du 27 août 1854.

Considérant qu'il résulte de l'instruction que les sieurs et dame Pouplin ont adressé au Conseil de Préfecture de la Sarthe un mémoire, en date du 21 octobre 1851, tendant à ce qu'il fût procédé par experts à l'estimation des dommages qui auraient été causés, pour, sur ladite expertise, condamner le sieur Rouillard à leur payer une indemnité.

Considérant que les exposants ont assisté à l'expertise à laquelle il a été procédé, le 17 décembre 1851, et qu'il leur a été donné communication du rapport du tiers-expert ; d'où il suit que l'arrêté en date du 31 juin 1852 a été rendu contradictoirement, et que c'est avec raison que le Conseil de Préfecture a déclaré les réquérants non-recevables dans leur opposition.

Du 20 juillet 1854.

Dans les deux espèces qui précèdent il n'y avait en réalité aucune difficulté.

37. Mais la question de savoir si un arrêté est contradictoire ou a été rendu par défaut, n'est pas toujours aussi simple.

Ainsi que l'on suppose, une partie ne présentant pas de défense, le Conseil de Préfecture ordonnant une expertise, et désignant d'office un expert pour la partie qui fait défaut. L'expertise se fait ainsi ; les deux parties y sont représentées ; l'un par son expert, l'autre par l'expert nommé d'office, et le Conseil de Préfecture rend ensuite son arrêté. Cet arrêté sera-t-il par défaut ou contradictoire?

Le Conseil de Préfecture de l'Oise avait pensé qu'un tel arrêté était contradictoire.

Mais le Conseil d'Etat a décidé autrement :

Considérant que devant le Conseil de Préfecture, les sieurs Bostenne et Leconte n'ont pas défendu à la demande de subvention formée par la commune de Galancourt; que dès-lors, l'arrêté du 1er août 1856 a été rendu par défaut, et qu'ainsi c'est à tort que l'arrêté attaqué a déclaré non recevable leur opposition.

Du 14 mai 1858.

De même, un maire non autorisé par le Conseil municipal à représenter sa commune dans une instance administrative, ne devrait pas être considéré comme un mandataire régulièrement constitué, et l'arrêté rendu contre la commune, non représentée au débat, serait un arrêté par défaut.

Considérant qu'il résulte de l'instruction que le sieur Pradier, maire d'Orgnac, n'a été autorisé par aucune délibération du Conseil municipal à défendre au nom de la commune à l'action introduite par les sieurs Senouilhet et Marcoux devant le Conseil de Préfecture de l'Ardèche, et qu'ainsi l'arrêté de ce Conseil en date du 14 décembre

1850 a été rendu par défaut à l'égard de cette commune ; que dès-lors, le pourvoi de la dite commune n'est pas recevable, en l'état.

Du 18 janvier 1855.

Il est possible enfin qu'une procédure commencée contradictoirement, les deux parties étant en présence, se termine par défaut par rapport à l'une d'elles. Ainsi, en matière de travaux publics une expertise est ordonnée ; l'expert de l'administration et l'expert de la partie privée tombent d'accord. Mais l'administration rejetant les résultats de l'expertise demande une tierce-expertise. L'Ingénieur en chef, tiers-expert de droit, procède arrière de la partie privée ; son rapport n'est pas même communiqué, et ses conclusions sont en définitive adoptées par le Conseil de Préfecture.

L'arrêté sera-t-il par défaut ou contradictoire?

Le Conseil de Préfecture de la Seine avait pensé que l'arrêté rendu dans de telles circonstances était par défaut ; et c'était avec raison suivant nous. Car la partie privée n'avait même pas été avertie que l'administration repoussait les résultats de l'expertise ; c'était à son insu que la tierce-expertise avait eu lieu, et elle n'avait pas été mise en demeure de produire ses moyens de défense contre un document qu'elle ne connaissait pas.

Mais le Conseil d'Etat,

Considérant qu'il résulte de l'instruction que l'arrêté du 4 juillet 1849 auquel le sieur Husson a été reçu opposant par celui du 13 août suivant, a été rendu sur le vu d'un mémoire adressé par le dit sieur Husson au Préfet de la Seine le 28 juillet 1848, et du procès-verbal d'une expertise à laquelle il a été régulièrement représenté ; qu'ainsi le dit arrêté a été rendu contradictoirement et n'était pas susceptible d'être attaqué par la voie de l'opposition.

Du 5 avril 1851.

Avec la publicité des audiences, la discussion orale, de pareilles surprises ne seront heureusement plus possibles ; des documents aussi importants qu'un rapport de tiers-expert ne pourront plus être soumis aux Conseils de Préfecture à l'insu de la partie adverse de l'administration ; et ce n'est pas le moindre des avantages de l'état de choses nouveau.

38. *Délai.* La partie contre laquelle est intervenu un arrêté par défaut, a le droit de former opposition à cet arrêté tant qu'il n'est pas exécuté.

Considérant qu'aucune disposition de loi ou de règlement n'a fixé le délai dans lequel doivent être formées les oppositions aux arrêtés par défaut des Conseils de Préfecture ; que ces oppositions sont recevables tant que les arrêtés par défaut n'ont pas été exécutés.

Du 26 novembre 1857.

Conf. 13 avril 1842.

39. Il en est ainsi, c'est-à-dire que l'opposition est recevable jusqu'à l'exécution , quand bien même l'arrêté aurait été signifié.

Considérant que les arrêtés par défaut des Conseils de Préfecture sont susceptibles d'oppositions, nonobstant toute signification, tant qu'ils n'ont pas été exécutés.

Du 14 décembre 1857.

Considérant que la signification faite par huissier de l'arrêté par défaut du Conseil de Préfecture d'Indre-et-Loire du 21 avril 1841 , n'a été suivie d'aucune exécution ; que dès-lors , l'opposition formée par le sieur de Trobriant contre cet arrêté était recevable.

Du 27 mai 1848.

40. *Forme de l'opposition*. L'opposition peut être formulée comme la requête ; c'est-à-dire qu'il n'y a pas de forme sacramentelle.

La date est importante afin de démontrer l'antériorité de l'opposition sur tous actes d'exécution.

Les moyens et les motifs doivent aussi être déduits ; sinon l'opposition serait rejetée, faute d'être justifiée.

Arrêt du Conseil, 23 novembre 1854.

§ 2. *Pourvoi devant le Conseil d'Etat.*

Les mêmes questions qui ont été examinées, en ce qui concerne l'opposition, se représentent à propos du pourvoi.

1° Quelles décisions comportent un pourvoi devant le Conseil d'Etat ;

2° Quel est le délai du pourvoi ?

3° Quelle forme lui doit être donnée ?

41. Quels arrêtés comportent un pourvoi devant le Conseil d'Etat ?

La règle générale est que l'on peut se pourvoir devant le Conseil d'Etat contre tous arrêtés des Conseils de Préfecture.

En administration, on ne distingue pas les arrêtés en premier ou dernier ressort suivant l'importance de l'affaire ; tous sont en premier ressort.

42. A la règle que les arrêtés des Conseils de Préfecture sont tous susceptibles de pourvoi, il y a cependant deux exceptions :

La première concerne les arrêtés par défaut ; contre ces arrêtés la voie de l'opposition est ouverte et elle est exclusive de toute autre.

Considérant que les arrêtés par défaut rendus par les Conseils de Préfecture, sont susceptibles d'opposition, et ne peuvent nous être déférés directement.

Du 6 août 1857.

Conf. 18 janvier 1855.

22 février 1855.

1er décembre 1863, etc.

La deuxième s'applique aux jugements avant faire droit qui sont simplement préparatoires.

Considérant que l'état de l'instruction ne permettant pas de statuer immédiatement, il était nécessaire de faire déterminer par une expertise si les transports provenant de l'exploitation des moulins du sieur de Rochambeau ont occasionné des dégradations extraordinaires, et en cas d'affirmative, si ces moulins, dans les conditions où ils ont été exploités en 1854, sont des établissements industriels dont l'exploitation et les transports peuvent donner lieu à l'imposition de subventions spéciales ; que l'arrêté sus-visé du Conseil de Préfecture s'est borné à ordonner cette expertise tous droits et moyens réservés ; qu'ainsi l'arrêté n'est que préparatoire ; que dès-lors la requête du sieur de Rochambeau n'est pas recevable.

Du 18 février 1858.

Considérant que, par son arrêté ci-dessus visé du 6 septembre 1855, le Conseil de Préfecture s'est borné à ordonner, conformément à l'art. 56 de la loi du 16 septembre 1807, une expertise à l'effet de constater la réalité, l'importance et les causes des dommages dont se plaignent les sieurs Achard et autres ; que d'ailleurs cet arrêté, purement préparatoire, n'a rien préjugé sur la question de savoir si une indemnité leur est due par la compagnie ; que dès-lors le pourvoi de ladite compagnie est non-recevable.

Du 17 décembre 1857.

Considérant que par l'arrêté attaqué, le Conseil de Préfecture de la Loire s'est borné à ordonner, avant de statuer sur le règlement des indemnités réclamées par les sieurs Revallier et consorts, la production par lesdits propriétaires des titres constitutifs de leurs usines, afin d'apprécier les conditions auxquelles ces usines pouvaient avoir été établies ; qu'ainsi ledit arrêté n'a prescrit qu'une simple mesure d'instruction, tous droits et moyens au fond demeurant expressément réservés, et qu'il n'a par conséquent qu'un caractère purement préparatoire.

Du 27 août 1857.
Conf. 8 février 1855.

Quant aux jugements interlocutoires, il n'en est pas de même ; ils peuvent être l'objet d'un pourvoi avant l'arrêté définitif.

Cette distinction est encore empruntée au code de procédure civile, art. 451.

43. *Délai du pourvoi.* Le délai pour se pourvoir devant le Conseil d'Etat est de trois mois. (Règlement de 1806, art. 2.)

44. Le jour de la signification (*dies à quo*) n'est pas compris dans le délai de trois mois.

Considérant que l'arrêté attaqué a été notifié le 20 août 1857; qu'ainsi le délai de trois mois accordé par l'art. 11 du décret du 22 juillet 1806 pour se pourvoir devant nous n'était pas expiré le 20 novembre 1857, jour où a été enregistré le pourvoi de la compagnie; que dèslors le pourvoi est recevable.

Du 20 janvier 1859.

Conf. 23 novembre 1850.

45. Mais le jour de l'échéance (*dies ad quem*) doit être compté dans la supputation du délai.

Considérant qu'il résulte de l'instruction que l'arrêté attaqué a été signifié au sieur Pavy le 19 octobre 1849; que le pourvoi dudit sieur Pavy contre cet arrêt n'a été déposé à la Préfecture de l'Aisne que le 21 janvier 1850; qu'ainsi ce pourvoi a été formé après l'expiration du délai de trois mois fixé par l'art. 11 du décret du 22 juillet 1806.

Du 23 novembre 1850.

46. Le délai court contre les personnes morales, départements, communes, établissements publics, aussi bien que contre les personnes privées.

47. Le point de départ du délai est la signification de l'arrêté, et la signification fait courir le délai contre les deux parties, c'est-à-dire contre la partie à laquelle la signification est faite et contre l'auteur de la signification lui-même.

Considérant que l'arrêté attaqué, en date du 6 février 1852, auquel le sieur Itam seul a été partie, a été signifié, à la requête dudit sieur Itam, à la compagnie du canal de jonction de la Sambre à l'Oise, par exploit en date du 3 avril 1852 ; que le pourvoi dirigé contre cet arrêté (par le sieur Itam) n'a été formé que le 9 juillet 1852 ; qu'il est dès-lors non-recevable, aux termes de l'art 11 du décret du 22 juillet 1806.

Du 1er février 1855

Considérant qu'il résulte de l'instruction... que l'arrêté a été notifié par ordre du Préfet au sieur Vernandon, le 2 mai 1854 ; que cette notification, rappelée dans le rapport de l'ingénieur en chef adressé à notre ministre, du 25 mai suivant, faisait courir le délai du recours au Conseil d'Etat contre le sieur Vernandon, et par conséquent contre l'administration.

Du 24 janvier 1856.

Conf. 8 février 1855.

48. Une question délicate, en procédure administrative, est celle de savoir si la notification de l'arrêté du Conseil de Préfecture peut seule avoir pour effet de faire courir le délai du recours, ou si des équivalents à la notification ne doivent pas être admis.

Le système des équivalents a été longtemps admis devant le Conseil d'Etat, et il a été jugé que la connaissance officiellement acquise d'un arrêté suffisait aussi bien que la notification pour faire courir le délai du recours.

Considérant qu'il résulte de l'instruction que, dans une pétition adressée en mai 1848 au ministre des travaux publics, le sieur Costes se fondait sur les dispositions de l'arrêté du Conseil de Préfecture des Pyrénées-Orientales du 22 novembre 1847 pour réclamer une indemnité par la voie gracieuse; qu'ainsi, dès cette époque, il avait pleine connaissance dudit arrêté, et que plus de trois mois se sont écoulés depuis lors jusqu'à la date du pourvoi, enregistré au secrétariat général du Conseil d'Etat, le 9 janvier 1849; qu'en conséquence, le sieur Costes a encouru la déchéance prononcée par l'art. 11 du décret du 22 juillet 1806.

13 août 1851.

Considérant qu'il résulte de la lettre du Préfet du département du Cher, ci-dessus visée, et qu'il n'est pas contesté par le sieur Jollivet, que ledit sieur Jollivet a retiré le 10 juin 1852, expédition de l'arrêté du Conseil de Préfecture ; que son pourvoi contre cet arrêté n'a été enregistré au secrétariat de la section du contentieux que le 27 octobre suivant ; que dès-lors il est non-recevable.

28 décembre 1854.

Conf. 19 janvier 1850.

1er juin 1850.

13 janvier 1853.

Considérant qu'il résulte de l'instruction que l'arrêté du Conseil de Préfecture de la Seine-Inférieure, en date du 23 août 1848, a été rendu contradictoirement, et que le Conseil municipal de la commune de Cléon en avait connaissance complète dès le 31 décembre 1848, dès-lors plus de trois mois avant le jour de l'enregistrement du pourvoi au Conseil d'Etat ; qu'ainsi ledit pourvoi n'a pas été formé dans les délais.

29 mars 1851.

Conf. 19 janvier 1850.

Considérant qu'il résulte des pièces ci-dessus visées, et qu'il est reconnu par l'administration des hospices de Montdidier elle-même, par sa délibération du 9 septembre 1846, qu'elle a eu connaissance officielle de l'arrêté attaqué à la fin de 1837, et de la décision dont il s'agit, le 14 novembre 1838, dès-lors plus de trois mois avant le jour de l'enregistrement de son pourvoi au secrétariat du Conseil d'Etat.

12 janvier 1850.

Considérant qu'il résulte de la délibération ci-dessus visée du Conseil général du Pas-de-Calais, qu'à la date du 30 novembre 1848 ledit Conseil avait connaissance pleine et entière de l'arrêté du Conseil de Préfecture du 4 novembre précédent; que le pourvoi du Préfet du Pas-de-Calais n'a été enregistré que le 24 avril 1849, par conséquent hors du délai prescrit par l'art. 11 du règlement.

24 juin 1851.

Considérant qu'il résulte de l'instruction et qu'il n'est pas dénié par le ministre des travaux publics qu'il a eu connaissance de l'arrêté du Conseil de Préfecture susvisé plus de trois mois avant l'enregistrement de son pourvoi au secrétariat général du Conseil ; que dès-lors ledit pourvoi a été formé après l'expiration du délai.

23 juin 1849.

D'après les arrêts qui précèdent , on voit que tous les justiciables des Conseils de Préfecture sont sur la même ligne; simples particuliers, communes, hospices, départements, l'Etat lui-même.

Si, en dehors d'une notification, la connaissance officielle d'un arrêté est acquise, c'est assez pour que le délai du recours commence à courir, et la connaissance acquise fait l'office de la signification.

Telle était du moins la jurisprudence du Conseil d'Etat à l'époque des arrêts ci-dessus rapportés ; mais plus récemment il a été décidé que la connaissance donnée à un Conseil municipal d'un arrêté rendu contre une commune ne tenait pas lieu de notification, et par suite ne pouvait faire courir le délai du recours.

Sur la fin de non-recevoir opposée par le sieur Richon et tirée de ce que le pourvoi de la commune de Beaufort n'aurait pas été formé dans les trois mois qui ont suivi les séances du Conseil municipal dans lesquelles le maire de cette commune a porté à la connaissance dudit Conseil l'arrêté aujourd'hui attaqué. Considérant que le sieur Richon n'établit pas que l'arrêté ci-dessus visé du Conseil de Préfecture ait été notifié à la commune de Beaufort ; qu'ainsi le délai de trois mois fixé par l'art. 11 du règlement n'a pas couru contre ladite commune.

30 juillet 1857.

Conf. 1er décembre 1852, 12 décembre 1861.

Ces décisions sont plus conformes tout à la fois aux principes généraux et aux règles spéciales qui régissent la matière, et par cette raison elles nous semblent préférables.

Les règles spéciales feraient ici défaut que, cherchant dans le code de procédure civile la règle qui manque (c'est ce que fait habituellement le Conseil d'Etat), nous trouverions dans l'art. 443 le point de départ de l'appel ; c'est la signification, et l'on sait que dans le droit civil aucun équivalent n'est admis. (Cassation, 15 avril 1819).

Mais ce n'est pas seulement le droit commun qui prescrit une notification. Le règlement du 22 juillet 1806 (art. 11) est ainsi conçu :

Le recours au Conseil d'Etat contre la décision d'une autorité qui y ressortit ne sera pas recevable après trois mois du jour où cette décision *aura été notifiée.*

Qu'on remarque bien ces mots « aura été notifiée. » Sans doute puisqu'il s'agit ici de justice administrative, une notification en la forme administrative suffira ; mais toujours est-il qu'il faudra une notification pour que le délai du recours commence à courir.

7

L'art. 11 du règlement n'autorise pas d'équivalent, et ce n'est sans doute pas parce que les règles de procédure sont rares en matière administrative, qu'il peut être permis de transgresser celles qui existent.

A quel point d'ailleurs s'arrêterait-on sous l'empire du décret du 30 décembre 1862, et avec la jurisprudence de la connaissance acquise? Désormais les décisions seront rendues en audience publique, en présence des parties ou de leurs mandataires régulièrement constitués. Est-ce que la connaissance ainsi acquise pourrait être considérée comme équivalente à une notification, de telle sorte que le délai du recours devant le Conseil d'Etat, courrait du jour même de l'arrêté rendu par le Conseil de Préfecture?

49. *Forme du pourvoi*. Le recours au Conseil d'Etat en matière contentieuse est formé *par requête signée d'un avocat au Conseil*. La requête doit contenir l'exposé sommaire des faits et des moyens, les conclusions, les noms et demeures des parties, l'énonciation des pièces dont on entend se

servir. Elle est déposée au secrétariat du Conseil d'Etat. (Règlement du 22 juillet 1806, art. 1 et 2.)

§ 3. *De la tierce-opposition.*

50. Pour se rendre tiers-opposant à un arrêté rendu par un Conseil de Préfecture, il faut :

1° Avoir un intérêt à attaquer la décision ;

2° N'avoir pas été représenté dans l'instance, soit par son auteur, soit par un mandataire régulièrement constitué.

51. Aucune forme spéciale n'est prescrite pour la tierce-opposition. La seule condition de recevabilité est qu'elle soit formée au plus tard dans les trois mois de la signification.

Considérant qu'il résulte de l'avis du Directeur des Domaines, approuvé par le Conseil de Préfecture, que le décret du 6 mars 1810 , contre lequel est dirigé le pourvoi par opposition des sieurs Joachim Bazin et consorts a été publié et exécuté ; qu'il est constaté....

Considérant que le défaut de réclamation dans les trois mois de la publication du dit décret et l'exécution dont il a été suivi, du consentement des copartageants, rendent non recevable aujourd'hui l'opposition du sieur Joachim Bazin et consorts.

Du 31 janvier 1817.

TITRE VI.

De quelques procédures particulières.

SOMMAIRE.

Section 1re. — De la police du roulage.

Section 2e. — Des réclamations en matière de Contributions directes.

§ 1er. *Des réclamations.*

63. Id. pour les contribuables qui n'ayant pas leur domicile dans la commune n'ont ni résidence, ni représentant.

64. Règles communes à tous les contribuables.

65. *Quittance des termes échus.* Production.

66. A quel moment la production doit être faite.

67. *Du timbre.* Comment vérifier si la cote est inférieure à trente francs. Faut-il considérer la contribution totale, ou seulement l'article sur lequel porte la réclamation.

§ 2. *De l'instruction.*

68. Vérification par le contrôleur. Elle est prescrite à peine de nullité de la décision à intervenir.

69. Communication du rapport du directeur au contribuable. Délai. Point de départ.

§ 3. *Du recours devant le Conseil d'Etat.*

70. Forme. Délai.

Où le recours doit être déposé.

Les règles que nous avons exposées dans les titres qui précèdent, sont les règles générales de la procédure en matière administrative.

Mais à côté du droit commun, il y a l'exception; et la procédure, pour certaines matières administratives, est déterminée par des règles spéciales qu'il importe de connaître.

§ 1ᵉʳ. *De la police du roulage.*

On sait que parmi les contraventions à la police du roulage, on distingue : 1° celles qui ont pour effet de causer quelques dommages aux routes, de dégrader le domaine public ; 2° celles qui pourraient avoir pour effet de compromettre la sûreté des voyageurs et de gêner la circulation.

Les premières sont jugées par les Conseils de Préfecture ; les autres sont de la compétence des tribunaux ordinaires.

Tel est du moins le principe que l'on a eu la pensée d'appliquer quand on a fait entre les tribunaux administratifs et les tribunaux ordinaires la répartition des diverses contraventions à la police du roulage.

C'est la loi du 30 mai 1851 qui indique les contraventions de la compétence des Conseils de Préfecture. C'est aussi dans la même loi que se trouvent formulées les règles de procédure spéciales à la matière.

52. L'art. 15 indique les agents et fonctionnaires chargés spécialement de constater les contraventions et délits.

Les art. 18 et 19 prescrivent l'affirmation et l'enregistrement des procès-verbaux, à peine de nullité, dans des délais déterminés.

Aux termes de l'art. 15, les procès-verbaux ainsi dressés font foi jusqu'à preuve contraire.

Le procès-verbal, rédigé, affirmé et enregistré, est adressé dans les deux jours de l'enregistrement au Sous-Préfet de l'arrondissement.

Le Sous-Préfet le transmet, dans les deux jours de sa réception, au Préfet, s'il s'agit d'une contravention de la compétence des Conseils de Préfecture. (art. 22.)

53. Ensuite copie du procès-verbal, ainsi que l'affirmation quand elle est prescrite, est notifiée avec citation, par la voie administrative, au domicile du propriétaire de la voiture, tel qu'il est indiqué sur la plaque, ou tel qu'il a été déclaré par le contrevenant, et quand il y a lieu, à celui du conducteur.

Cette notification a lieu dans le mois de l'enregistrement, à peine de déchéance.

Le délai est étendu à deux mois lorsque le contrevenant n'est pas domicilié dans le département où la contravention a été constatée ; il est étendu à un an, lorsque le domicile du contrevenant n'a pas pu être constaté au moment du procès-verbal.

Si le domicile du conducteur est resté inconnu, toute notification qui lui est faite au domicile du propriétaire est valable. (art. 23.)

54. Le prévenu est tenu de produire, dans le délai de 30 jours, ses moyens de défense devant le Conseil de Préfecture. (art. 24.)

Ce délai court à compter de la date de la notification du procès-verbal ; mention en est faite dans ladite notification.

55. A l'expiration du délai fixé, le Conseil de Préfecture prononce, lors même que les moyens de défense n'auraient pas été produits.

Son arrêté est notifié au contrevenant dans la forme administrative dix jours au moins avant toute exécution.

56. Si la condamnation a été prononcée par défaut, la notification faite au domicile énoncé sur la plaque est valable.

L'opposition à l'arrêté par défaut doit être formée dans le délai de quarante jours à compter de la date de la notification.

57. Le recours au Conseil d'Etat contre l'arrêté du Conseil de Préfecture, peut avoir lieu par simple mémoire déposé au secrétariat-général de la Préfecture, ou à la Sous-Préfecture, et sans l'intervention d'un avocat au Conseil d'Etat.

Il est délivré au déposant récépissé du mémoire qui doit être immédiatement transmis par le Préfet.

Si le recours est formé au nom de l'administration il doit l'être dans les trois mois de la date de l'arrêté. (art. 25.)

Quant à la partie privée, c'est seulement à partir de la notification que court le délai de trois mois qui lui est accordé pour se pourvoir.

58. L'instance, à raison des contraventions de la compétence des Conseils de Préfecture, est périmée par six mois à compter de la date du dernier acte des poursuites et l'action publique est éteinte, à moins de fausses indications sur la plaque, ou de fausse déclaration en cas d'absence de plaque. (art. 26.)

§ 2. *Des réclamations en matière de Contributions directes.*

Les règles de procédure en matière de contributions directes sont écrites dans les art. 28, 29 et 30 de la loi du 21 avril 1832.

L'art. 28 concerne les réclamations ; formes, délai, etc.

L'art. 29 détermine le mode d'instruction.

L'art. 30 s'applique au recours devant le Conseil d'Etat.

L'interprétation de chacun de ces articles ayant donné lieu à un grand nombre de questions, il importe d'indiquer les principales difficultés qui sont nées de l'application de la loi.

§ 1er. *Des Réclamations.*

59. « Tout contribuable qui se croira surtaxé
» adressera au Préfet ou au Sous-Préfet, dans les
» trois premiers mois de l'émission des rôles, sa
» demande en décharge ou réduction. Il y joindra
» la quittance des termes échus de sa cotisation,
» sans pouvoir, sous prétexte de réclamation, dif-
» férer le paiement des termes qui viendront à

» échoir pendant les trois mois qui suivront la
» réclamation dans lesquels elle devra être jugée
» définitivement.

« Le même délai est accordé au contribuable
» qui réclamera contre son omission au rôle...

« Ne sont pas assujetties au droit de timbre, les
» réclamations ayant pour objet une cote moindre
» de 30 fr. (Art. 28 de la loi du 21 avril 1832). »

Des dispositions de l'article de loi qui précède on a conclu que, pour être recevable, une réclamation, en matière de contributions directes, devait remplir plusieurs conditions :

Il faut, en effet : 1° que la demande soit formée et remise au Préfet ou au Sous-Préfet dans un délai déterminé ;

2° Que la réclamation soit accompagnée de la quittance des termes échus ;

3° Qu'elle soit écrite sur papier timbré, sauf l'exception écrite dans la disposition finale de l'article ;

60. *Du délai.* En ce qui concerne le délai, il faut d'abord remarquer que l'art. 28 de la loi du 21 avril 1832 ci-dessus rapporté, a été modifié par

l'art. 8 de la loi du 4 août 1844, qui est ainsi conçu :

« Le délai de trois mois accordé aux contri-
» buables par l'art. 28 de la loi du 21 avril 1832
» pour présenter les réclamations qu'ils sont au-
» torisés à former contre les rôles des contribu-
» tions directes, ne courra qu'à partir de la publi-
» cation des dits rôles. »

Telle est la disposition qui régit aujourd'hui la matière. Comme on le voit, le délai fixé par la loi du 21 avril 1832, n'est pas changé en ce qui concerne la durée ; il est toujours le même ; de trois mois. Le point de départ de ce délai seul est modifié. Depuis la loi de 1844, ce n'est plus par la simple émission des rôles que les contribuables seront mis en demeure de produire leur réclamation. Il faudra la publication pour faire courir le délai.

61. La règle ainsi posée, il s'agit de l'interpréter ; et la principale difficulté consiste à savoir si le délai court sans distinction contre ceux qui sont, et ceux qui ne sont pas, au moment de la publication des rôles, domiciliés ou résidant dans la commune.

A considérer seulement le texte de la loi, la disposition paraît absolue et il semble qu'elle ne comporte aucune exception.

Cependant le Conseil d'Etat n'admet pas que la déchéance puisse être appliquée au contribuable qui n'a dans la commune ni domicile, ni résidence, ni personne qui le représente.

Sur la fin de non-recevoir tirée de ce que la réclamation de la dame veuve de Pompery aurait été présentée plus de trois mois après la publication du rôle : Considérant qu'il résulte de l'instruction que la requérante a quitté la commune de Brest le 1er octobre 1854 pour fixer sa résidence à Quimper ; qu'il est constaté par le certificat du percepteur de Quimper ci-dessus visé, que la dame veuve de Pompery n'a reçu que le 19 septembre 1855 l'avertissement de son imposition à la contribution personnelle et mobilière dans la commune de Brest ; qu'il n'est pas justifié qu'elle ait eu connaissance officielle de cette imposition antérieurement à la remise de cet avertissement ; que sa réclamation ayant été présentée le 13 octobre suivant, c'est à tort que le Conseil de Préfecture du département du Finistère l'a déclarée non-recevable par application de l'art. 8 de la loi du 4 août 1844.

Du 7 mai 1856.

Sur la fin de non-recevoir tirée de ce que la réclamation du sieur Geigy aurait été présentée plus de trois mois après la publication du rôle. Considérant qu'il résulte de l'instruction que le sieur Geigy n'était pas domicilié à Mulhouse en 1851, et qu'il n'est pas justifié qu'il eût pendant la dite année, un représentant dans cette ville, ni qu'il ait eu connaissance de son inscription au rôle des patentes de ladite ville avant la saisie-exécution pratiquée sur ses marchandises le 27 septembre 1851 ; qu'il a réclamé le 21 octobre suivant ; qu'ainsi c'est à tort que le Conseil de Préfecture du Haut-Rhin a déclaré sa demande non-recevable pour cause de déchéance.

Du 23 février 1854.

Conf. 27 décembre 1854

Conf. 15 décembre 1852, etc.

Les décisions qui précèdent sont formelles, on le voit, et elles créent une véritable exception à la loi du 4 août 1848.

Mais il faut bien remarquer que cette exception n'est reconnue qu'en faveur des contribuables qui n'ont plus dans la commune ni domicile, ni résidence, ni représentant.

Quant à ceux qui ayant quitté une commune y ont encore une résidence ou une personne pour les représenter, ils sont soumis au droit commun.

On considère avec raison, qu'ils ont pu connaître les rôles par la publication qui en a été faite.

Vu les lois des 21 avril 1832 et 4 août 1844;

Considérant qu'aux termes de l'art. 4 de la loi du 4 août 1844, le délai de trois mois accordé aux contribuables pour présenter leurs réclamations court à partir de la publication des rôles, et non pas du jour où le contribuable a reçu l'avertissement de sa cotisation ; qu'il résulte de l'instruction que le rôle des patentes pour l'année 1861 a été publié le 26 janvier de la même année dans la commune de Villers, où le sieur Chevalier avait conservé une habitation ; que dès-lors c'est avec raison que le Conseil de Préfecture a rejeté pour cause de déchéance la réclamation présentée seulement le 30 septembre suivant.

Du 26 novembre 1852

28 novembre 1855. Décision conforme à l'égard d'une personne ayant une habitation meublée dans la commune et un jardinier préposé à le garde et à l'entretien de la dite habitation.

21 janvier 1857. Décision conforme en matière de taxe sur les chiens et à l'égard d'un contribuable qui, absent de la commune au moment de la publication des rôles, avait un appartement meublé et était imposé à la contribution personnelle et mobilière.

62. Cette distinction établie entre les contribuables qui ont dans la commune leur domicile ou une résidence, ou un réprésentant, et ceux qui n'ont ni domicile, ni résidence, ni personne pour les représenter, il s'agit de savoir quel sera le point de départ du délai de trois mois pour les uns et les autres.

Pour le contribuable qui a son domicile ou une résidence ou un représentant dans la commune, le point de départ est la publication des rôles. C'est ce qui a été déjà dit. (art. 8 de la loi du 4 août 1844) et ce que la jurisprudence a consacré par plusieurs décisions.

Vu la loi du 4 août 1844.

Considérant qu'aux termes des lois sus-visées, toute demande en décharge ou réduction des contributions directes doit être formée dans les trois mois à partir de la publication des rôles dans la commune, et non de la remise de l'avertissement aux contribuables.

Du 4 janvier 1855.

Considérant que le rôle des contributions pour l'année 1854, a été publié dans la commune de Brie le 6 janvier de la dite année, et que les héritiers du sieur Berdin n'ont présenté leur réclamation que le 22 septembre suivant ;

qu'il résulte de l'instruction que si, dans l'année 1854, les héritiers du sieur Berdin avaient leur domicile à Paris, ils avaient pendant cette même année, une habitation meublée dans la commune de Brie et qu'un jardinier était préposé à la garde et à l'entretien de ladite habitation ; que dans ces circonstances, leur réclamation, faute d'avoir été présentée dans le délai fixé par l'art. 8 de la loi du 4 août 1844, était frappée de déchéance ; que dèslors, c'est à tort que le Conseil de Préfecture ne l'a pas déclarée non-recevable.

Du 28 novembre 1855.

63. Au contraire, pour le contribuable qui n'a dans la commune ni domicile ni résidence, ni représentant, le délai ne commence à courir que du jour où il a eu connaissance officielle de son imposition. Il importe peu d'ailleurs comment cette connaissance aura été acquise, et qu'elle résulte d'un avertissement, d'une contrainte, d'une sommation de payer, d'une lettre du percepteur.

Considérant qu'il résulte de l'instruction que le sieur Gassin a quitté au mois d'août 1849, la commune de Faucon après avoir fait à la mairie une déclaration de changement de domicile, et antérieurement à la publication des rôles de ladite commune pour 1850 ; qu'il n'a pas reçu dans sa nouvelle résidence, plus de trois mois avant sa réclamation, l'avertissement du percepteur de la commune de Faucon ; que dès-lors c'est à tort que le Conseil de Préfecture du département de Vaucluse a rejeté sa demande pour cause de déchéance.

Du 22 novembre 1851.

Considérant qu'il résulte de l'instruction que le sieur Arnaud a quitté la ville d'Orange et fixé sa résidence dans la commune de l'Isle en 1849 ; qu'il n'a eu connaissance de son inscription au rôle supplémentaire des patentes d'Orange, pour 1850, que par la réception de la contrainte décernée contre lui le 12 octobre de la même année ; qu'il a réclamé le 16 du même mois ; que par conséquent la déchéance ne pouvait lui être opposée...

Du 9 août 1851.

Conf. 20 novembre 1856.

Considérant qu'il résulte de l'instruction qu'à la date du 15 mars 1848, il a été fait au sieur Delaunay, à son nouveau domicile, une sommation de payer la contribution mobilière à laquelle il avait été imposé, pour 1848, à raison de son habitation de la rue de la Petite-Chaussée ; que sa réclamation contre ladite contribution est postérieure de plus de trois mois même à cette sommation ; que dès-lors c'est avec raison que le Conseil de Préfecture lui a appliqué la déchéance portée en l'art. 8 de la loi du 4 août 1844.

Du 11 mai 1850.

Considérant qu'il est reconnu par le sieur B... que par deux lettres du percepteur de Toulouse (en date des 24 et 25 mars 1857), il lui a été donné connaissance de son imposition à la contribution personnelle et mobilière, sur le rôle de la ville de Montpellier pour l'année 1857, et d'une contrainte décernée contre lui par le percepteur de cette dernière ville pour le paiement de cette contribution.

Considérant que la réclamation du sieur B... contre son inscription au rôle de la ville de Montpellier n'a été formée que le 10 septembre 1857; que dans ces circonstances, c'est avec raison que le Conseil de Préfecture de l'Hérault a déclaré cette réclamation non recevable.

Du 25 août 1858.

64. Deux autres observations à faire, en ce qui concerne le délai, sont communes à tous les contribuables, sans distinction.

La première c'est qu'il n'appartient ni aux Conseils de Préfecture, ni au Conseil d'Etat de relever les contribuables de la déchéance qu'ils ont encourue pour n'avoir pas présenté leurs réclamations dans les trois mois de la publication des rôles. C'est seulement par voie de demande en remise ou modération que les contribuables, dans ce cas, peuvent se pourvoir contre les taxes qui leur ont été imposées.

Considérant qu'aux termes de l'art. 8 de la loi du 4 août 1844, toute demande en décharge ou réduction de contributions directes doit être formée dans les trois mois de la publication des rôles ; qu'il résulte de l'instruction que les rôles ont été publiés, dans la ville de Draguignan le 1er janvier 1849 ; que les sieurs Escalan n'ont formé leurs demandes que le 11 juillet 1849 ; qu'en les relevant de la déchéance qu'ils avaient encourue, le Conseil de Préfecture du Var a excédé ses pouvoirs.

Du 26 mars 1850.

Conf. 1er juin 1850.

13 juillet 1850, etc.

D'une autre part, ce n'est pas assez de former la réclamation dans le délai légal, pour qu'elle soit recevable ; il faut de plus qu'elle soit remise au fonctionnaire désigné par la loi pour la recevoir, c'est-à-dire au Préfet ou au Sous-Préfet.

Vu la requête présentée par le sieur Jules Leroy... tendant à ce qu'il nous plaise... déclarer que la demande du requérant était recevable, attendu qu'elle a été remise le 17 mars 1857, *au maire de la commune de Liomer qui s'était chargé de la transmettre à la Préfecture de la Somme.*

Considérant qu'aux termes de l'art. 28 de la loi du 21 avril 1832 et de l'art. 8 de la loi du 4 août 1844, tou contribuable qui se croit indûment imposé ou surtaxé, doit adresser au *Préfet ou au Sous-Préfet*, dans les trois mois de la publication des rôles, sa demande en décharge ou réduction.

Considérant qu'il résulte de l'instruction que le rôle de la contribution des patentes pour l'année 1857, a été publié dans la commune de Liomer où le sieur Leroy était domicilié, le 11 janvier de cette année, et que la réclamation du sieur Leroy n'a été reçue à la Préfecture que le 12 mai 1857; que dès-lors c'est avec raison que par application des dispositions législatives ci-dessus rappelées, le Conseil de Préfecture a rejeté cette réclamation comme ayant été tardivement formée.

Du 2 mars 1858.

65. *Quittance des termes échus.* La deuxième condition requise par la loi, pour qu'une réclamation en matière de contributions directes soit recevable, est la production de la quittance des termes échus.

En ce qui touche le sieur Bernard;

Considérant que la demande en décharge de la contribution personnelle et mobilière à laquelle il a été imposé, pour 1847, dans la commune de Garchizy, n'a été présentée que le 1er décembre 1848 et qu'elle n'était accompagnée d'aucune quittance applicable à ladite contribution ; que dès-lors, aux termes de l'art. 28 de la loi du 21 avril 1832 , ladite réclamation était non-recevable.

Du 29 juin 1850.

Conf. 3 août 1850.

19 novembre 1852.

9 janvier 1856.

66. Il n'est pas nécessaire du reste que les quittances des termes échus soient produites en même temps que la réclamation et dans le délai de trois mois de la publication des rôles. La production peut être faite ultérieurement, tant que le Conseil de Préfecture n'a pas statué.

Considérant qu'il résulte de l'instruction que le sieur Maire a présenté sa réclamation dans les trois mois de la publication des rôles ; que si cette réclamation n'était pas accompagnée de la quittance des termes échus, il est établi que ladite quittance a été produite avant que le Conseil de Préfecture eût statué ; qu'ainsi c'est à tort que ledit Conseil a rejeté pour cause de déchéance la demande du requérant.

Du 5 mars 1852.

Conf. 8 avril 1852.

15 avril 1852.

7 août 1852 , etc.

67. *Du timbre*. On sait que l'obligation d'employer le papier timbré est générale; qu'elle s'applique à toutes les réclamations de la compétence des Conseils de Préfecture; et que toute réclamation présentée sur papier non timbré, doit être rejetée comme irrégulière en la forme. Conf. 7 avril 1858; 1er décembre 1858; 28 décembre 1858, etc.

En matière de contributions nous trouvons une exception à cette règle générale, et c'est seulement la portée de cette exception que nous voulons ici déterminer.

La loi du 21 avril 1832 dispensant du timbre les réclamations ayant pour objet une cote moindre de 30 fr., il s'agit de savoir quelle cote doit être prise en considération.

Est-ce la contribution totale inscrite sur les rôles au nom du contribuable; ou bien la cote partielle afférente au seul article sur lequel porte la contestation?

D'après la jurisprudence du Conseil d'Etat, la contribution totale doit être divisée par articles, et il suffit que l'article sur lequel porte la réclama-

tion soit frappé d'une somme inférieure à 30 fr.,
pour que le contribuable puisse invoquer la disposition exceptionnelle de la loi du 21 avril 1832.

Ainsi, dans une espèce concernant la commune
de Sellières, le Conseil de Préfecture du Jura avait
cru devoir considérer le montant total de la cote
foncière inscrite sur les rôles au nom de la commune ; et comme cette contribution totale s'élevait
à 290 fr. 48, il avait décidé que la réclamation était
irrégulière en la forme, comme n'ayant pas été
rédigée sur papier timbré.

Mais le Conseil d'Etat,

Considérant qu'il résulte de l'instruction que la contribution assise, en 1853, sur le champ-de-foire et sur le
cimetière de la commune de Sellières, et dont ladite
commune demande la décharge, ne s'élevait qu'à la
somme de 7 fr. 22 ; que dès-lors, aux termes de l'art. 28
de la loi du 21 avril 1832 la commune de Sellières n'était
pas astreinte de présenter sa réclamation sur papier timbré.

Du 12 septembre 1853.

Conf. 30 novembre 1852.

§ 2. *De l'Instruction.*

L'art. 29 de la loi du 21 avril 1832 est ainsi
conçu :

« Art. 29. La pétition est renvoyée au contrô-
» leur des contributions directes qui vérifie les
» faits, et donne son avis après avoir pris celui des
» répartiteurs.

« Si le directeur des contributions directes
» est d'avis qu'il y a lieu d'admettre la demande,
» il fait son rapport et le Conseil de Préfecture
» statue. Dans le cas contraire, le directeur
» exprime les motifs de son opinion , transmet le
» dossier à la Sous-Préfecture, et invite le récla-
« mant à en prendre communication et à faire
» connaître dans les dix jours s'il veut fournir de
» nouvelles observations, ou recourir à la vérifi-
» cation par voie d'experts. »

En résumant les dispositions qui précèdent on
voit que l'instruction des réclamations en matière
de contributions directes a plusieurs phases.

1° Vérification par le contrôleur et les répartiteurs ;

2° En cas d'avis défavorable au contribuable,
rapport du directeur, et communication de ce rapport au réclamant;

3° Expertise.

Tout ce qui concerne l'expertise, a été exposé ci-dessus (n°ˢ 16, 17, 19, 22) ; c'est donc sur les deux premiers points seulement que des explications sont nécessaires.

68. *Vérification par le contrôleur.* La vérification par le contrôleur n'est pas facultative ; comme l'expertise, elle est obligatoire, et tout arrêté rendu sans que le contrôleur et les répartiteurs aient été appelés au préalable à donner leur avis, doit être annulé (1).

Considérant qu'aux termes de l'art. 29 de la loi du 21 avril 1832, les répartiteurs et les agents des contributions directes sont appelés à donner leur avis sur toute demande en décharge ou en réduction de contributions directes ; que ces formalités n'ont pas été remplies dans l'instruction de la réclamation formée par le sieur Duplessis afin d'être déchargé de la taxe personnelle et mobilière qui lui a été assignée, pour 1847, dans la ville de Montpellier.

---

(1) Nous supposons bien entendu que la réclamation est recevable. Car s'il y avait une fin de non-recevoir, résultant soit d'une déchéance, soit d'une irrégularité de forme, une instruction serait inutile et ne pourrait être ordonnée.

Art. 1er. L'arrêté du Conseil de Préfecture de l'Hérault en date du 7 avril 1848 est annulé.

Conf. du 24 mars 1849.

69. Il en est de même de la communication du rapport du directeur. Elle doit avoir lieu à peine de nullité ; le rapport doit être, pendant dix jours, à la disposition du contribuable ; et le délai ne commence à courir que du jour où le réclamant a reçu la notification du dépôt des pièces à la Sous-Préfecture.

Considérant qu'aux termes de l'art. 29 de la loi du 21 avril 1832, lorsque le directeur des contributions directes émet un avis contraire à la réclamation d'un contribuable, il doit transmettre le dossier à la Sous-Préfecture, et inviter le réclamant à en prendre connaissance et à faire connaître, dans les dix jours, s'il veut fournir de nouvelles observations ou recourir à la vérification par voie d'experts.

Considérant qu'il résulte de l'instruction et qu'il n'est pas contesté que le directeur des contributions directes ayant émis un avis contraire à la réclamation du sieur Paccioni, ce contribuable n'a pas été informé en temps utile, que le dossier était déposé à la Sous Préfecture en exécution de l'art. 29 de la loi du 21 avril 1832, afin qu'il pût fournir des observations ou recourir à la vérification par voie d'experts ; qu'il a été ainsi privé d'un droit qui lui était garanti par la loi ; que dès-lors la décision du Conseil de Préfecture a été rendue sur une instruction irrégulière.

> Conf. du 13 juillet 1858.
> — du 22 avril 1857.
> — du 28 mai 1857.
> — du 16 avril 1856, etc.

Sur la durée de la communication, et le point de départ du délai.

Considérant que le dossier de la réclamation de la dame Maillard sur lequel un avis contraire avait été émis par le directeur des contributions directes n'est point resté pendant dix jours à la Sous-Préfecture à partir du moment où ladite dame avait été invitée à présenter ses observations ou à recourir à la vérification par voie d'experts, conformément à l'art. 29 de la loi du 29 avril 1852 ; que dans ces circonstances, le Conseil de Préfecture, en prononçant sur cette réclamation, avant que ce délai fût expiré, a statué irrégulièrement.

> Du 7 août 1856.
> Conf. du 20 mars 1852.
> — du 1er juin 1849.

§ 3. *Du recours devant le Conseil d'État.*

70. Le recours contre les arrêtés du Conseil de Préfecture n'est soumis qu'au droit de timbre. Il

peut être transmis au Gouvernement par l'intermédiaire du Préfet, sans frais. (art. 30 de la loi du 21 avril 1832).

Deux observations seulement doivent être faites sur cet article pour ne pas sortir du cercle que nous nous sommes tracé.

C'est 1° que le délai du recours devant le Conseil d'Etat est le délai ordinaire; c'est-à-dire de trois mois ;

2° Que si le dépôt du recours, à la Préfecture, peut être considéré comme équivalent au dépôt au secrétariat du Conseil d'Etat, il n'en serait pas de même du dépôt à une Sous-Préfecture.

Considérant que, d'après les art. 2 et 11 du décret du 22 juillet 1806, le recours au Conseil d'Etat contre la décision d'une autorité qui y ressortit doit être formée par requête déposée au secrétariat dudit Conseil dans les trois mois de la notification de la décision attaquée ; que, par exception, et en vertu des dispositions de l'art. 30 de la loi du 21 avril 1832, les pourvois contre les décisions des Conseils de Préfecture en matière de contributions directes sont considérés comme réguliers, lorsqu'ils ont

été présentés à la Préfecture dans les trois mois de la notification des arrêtés attaqués, mais qu'aucune disposition
ne permet d'étendre cette exception au cas où les pourvois seraient déposés à la Sous-Préfecture.

Du 22 mars 1855.

Déjà, en matière de contraventions à la police du roulage, nous avions rencontré une première exception à la règle que le recours au Conseil d'Etat doit être formé par une requête déposée au secrétariat dudit Conseil.

Par la comparaison des deux dispositions législatives qui ont créé ces deux exceptions, on peut voir que l'une est plus large que l'autre ; puisqu'en matière de roulage le recours au Conseil d'Etat peut être déposé soit à la Préfecture, soit à la Sous-Préfecture (art. 25 de la loi du 30 mai 1851), tandis qu'en matière de contribution, la loi tolère seulement le dépôt du recours à la Préfecture.

FIN.

DECRET IMPERIAL

Portant qu'à l'avenir les audiences des Conseils de Préfecture statuant sur les affaires contentieuses seront publiques.

(DU 30 DÉCEMBRE 1862.)

NAPOLÉON, par la grâce de Dieu et la volonté nationale, Empereur des Français, à tous présents et à venir, salut :

Sur le rapport de notre Ministre Secrétaire d'Etat au département de l'intérieur ;

Vu la loi du 28 pluviôse an VIII ;

Vu l'arrêté du 19 fructidor an IX ;

Vu le décret du 16 juin 1808 ;

Avons décrété et décrétons ce qui suit :

Article premier.

A l'avenir, les audiences des Conseils de Préfecture statuant sur les affaires contentieuses seront publiques.

Art. 2.

Après le rapport qui sera fait sur chaque affaire par un des Conseillers, les parties pourront présenter leurs observations, soit en personne, soit par mandataire.

La décision motivée sera prononcée en audience, après délibéré, hors la présence des parties.

Art. 3.

Dès que le dossier paraît régulier en la forme, il est déposé au greffe du Conseil, et les affaires y sont, successivement et dans l'ordre du dépôt, inscrites sur les registres.

Art. 4.

Il est tenu au greffe un registre pour les affaires contentieuses avec une série spéciale pour les demandes en décharge ou réduction d'impôts et de taxes assimilées.

Ce registre, paraphé par première et dernière, est divisé par colonnes, de manière à mentionner le numéro d'ordre, la date du dépôt de l'affaire au greffe, les noms des parties, le sommaire de l'affaire, les avertissements, communications et oppositions, la remise du dossier au rapporteur, la date des décisions.

Art. 5.

Le Secrétaire-Greffier présente au Préfet toutes les semaines, ou plus souvent s'il est nécessaire, l'état des affaires enregistrées; le Préfet désigne les rapporteurs.

Art. 6.

L'instruction sur le fond même de l'affaire a lieu par écrit.

Il est donné communication aux parties de toutes les pièces produites contre elles et dont on veut faire usage dans l'instance.

Les communications de droit pendant le cours de l'instruction, ou celles autorisées par le Préfet sur l'avis du rapporteur, ont lieu au greffe sans déplacement.

Les notifications ou significations entre particuliers ou personnes morales, ont lieu par ministère d'huissier en la forme ordinaire.

Les notifications ou significations faites à la requête de l'Administration, soit à des particuliers, soit à des personnes morales, sont faites à personne ou à domicile élu, s'il y en a un. Elles ont lieu dans la forme administrative, par l'intermédiaire des Sous-Préfets, Maires et Adjoints, Commissaires de police ou Agents publics assermentés. A la suite de l'acte notifié, mention est faite et signée par le fonctionnaire ou agent notificateur, du jour de la notification et de la personne qui l'a reçue.

Cette notification fait, en outre, l'objet d'un procès-verbal que la partie ou son représentant est invitée à signer. Ce procès-verbal est renvoyé dans les vingt-quatre heures à la Préfecture par la voie hiérarchique.

Art. 7.

Lorsqu'une affaire est en état de recevoir jugement, le dossier est déposé au greffe pour l'affaire être comprise au rôle d'audience.

Art. 8.

Le rapport est fait verbalement ou par écrit.

Le rapporteur rédige un projet de décision, dont les parties ne sont jamais admises à prendre connaissance.

Art. 9.

Le dossier, y compris le projet de décision, est communiqué à M. le Commissaire du Gouvernement.

Art. 10.

Sur le vu des affaires en état, le Préfet règle chaque semaine le rôle d'audience pour la ou les semaines suivantes, en tenant compte du rang d'ancienneté.

Toutefois, celles ayant un caractère d'urgence ou soumises à des conditions de délai prennent toujours la tête du rôle de chaque audience.

Art. 11.

Les parties sont avisées au moins huit jours à l'avance, par un avis signé du Greffier, du jour fixé pour le jugement des affaires les concernant.

Les rôles d'audience sont communiqués à l'avance aux Conseillers rapporteurs et au Ministère public.

Art. 12.

A l'appel de la cause le rapporteur fait son rapport.

Après le rapport, les parties peuvent présenter des observations orales et sommaires, soit en personne, soit par mandataires porteurs d'un pouvoir spécial à l'affaire et enregistré.

Après les observations des parties, le Ministère public donne ses conclusions.

Le sens de ses conclusions est sommairement rapporté sur le registre d'audience.

Art. 13.

L'affaire est ensuite mise en délibéré, pour l'arrêté à intervenir être prononcé après le délibéré, ou, s'il y a lieu, à une séance ultérieure déterminée.

Art. 14.

Les Conseillers, qui n'ont pas assisté aux rapports et aux observations s'il y en a eu, ne peuvent prendre part au délibéré. A cet effet, le nom des Conseillers qui ont connu de l'affaire est mentionné, tant dans l'arrêté que sur le registre d'audience.

L'arrêté mentionne que le Commissaire du Gouvernement a été entendu.

La minute, signée des membres du Conseil, est déposée au greffe.

Art. 15.

L'arrêté est rendu par défaut contre le défendeur qui n'a pris, ni par écrit, ni oralement, aucune conclusion.

Le défaut est relevé dans les formes ordinaires de droit.

L'affaire qui revient par suite d'opposition, suit la même marche que la demande introductive d'instance et vient à son nouveau rang.

Art. 16.

La signification, à la requête de l'Administration, des arrêtés définitifs ou par défaut, rendus en matière contentieuse, est faite en la forme administrative.

Art. 17.

Pour les réclamations contentieuses en matière d'impôt ou de taxes assimilées, l'instruction, le jugement et la notification des décisions ont lieu conformément aux dispositions de l'arrêté du Ministre des finances du 10 mai 1849.

Toutefois, dès que les demandes sont régulières, les dossiers sont déposés au greffe pour l'instruction être suivie, sous la direction d'un Conseiller rapporteur. Il est dressé un rôle spécial pour le jugement des réclamations de cette nature. Des audiences spéciales leur sont consacrées autant que possible.

Art. 18.

Toutes les fois qu'il y a contradiction de la part de l'Administration des Contributions directes, les parties demanderesses sont, comme en matière ordinaire, avisées huit jours à l'avance de l'audience fixée pour le jugement.

Art. 19.

Tout procès-verbal de contravention en matière de grande voirie, de roulage, de digues, etc., est, dès son arrivée à la Préfecture, notifié, soit au contrevenant, soit à ses représentants ou fermiers, soit à ceux qui ont la responsabilité légale de la contravention, à la requête du Préfet.

Le contrevenant est mis en demeure de produire, dans le délai légal, ses moyens de défense.

Art. 20.

Il est suivi, pour l'instruction et le jugement, les formes prescrites ci-dessus. Toutefois, le contrevenant peut prendre la parole en dernier lieu.

Art. 21.

Si au jour fixé par l'assignation le contrevenant ne comparaît pas, s'il n'a pas envoyé ses moyens de défense, ou si aucun mandataire ne s'est présenté pour lui, la contravention est jugée par défaut.

Le contrevenant peut y former opposition. Son opposition doit être signifiée au Préfet dans le délai légal et contenir les moyens de défense de l'opposant. L'affaire revient à son nouveau rang.

Art. 22.

Les jugements définitifs ou par défaut en matière de contravention de grande voirie sont également notifiés par voie administrative.

Des Séances du Conseil.

Art. 23.

Les séances du Conseil de Préfecture ont lieu comme il suit :

Les *jeudi* et *samedi* de chaque semaine pour le conten-tieux.

Le *vendredi* pour les questions non contentieuses (actes de tutelle, comptes communaux, adjudications, etc.).

Art. 24.

Les séances consacrées aux affaires contentieuses sont publiques et commencent à 1 heure.

Art. 25.

Les séances sont présidées par le Préfet, ou en cas, soit d'absence , soit d'empêchement, par le Conseiller qu'il aura désigné.

Art. 26.

En cas d'absence ou d'empêchement du Secrétaire général ou de l'auditeur attaché à la Préfecture, les fonc-tions de Commissaire du Gouvernement sont remplies par le dernier Conseiller.

Art. 27.

Les membres du Conseil assistent aux séances du con-tentieux en costume. Il en est de même des avocats ap-pelés par les parties.

Du Secrétaire-Greffier.

Art. 28.

Le Secrétaire-Greffier tient la plume aux audiences et en rédige le procès-verbal sur un registre spécial.

Il classe les minutes d'arrêtés pour la formation des registres.

C'est sous sa surveillance et sous sa responsabilité qu'ont lieu les communications autorisées ou de droit.

Il tient au courant les divers registres prescrits par les règlements, assure l'envoi aux parties des divers avis que comporte l'instruction ou le jugement des affaires. Il prépare les expéditions et copies, qui continueront d'être certifiées par le Secrétaire général de la Préfecture.

Art. 29.

Il sera perçu, pour les expéditions, soit de décisions formant titre, soit de pièces ou renseignements, les droits fixés par l'article 37 de la loi du 7 messidor an II.

Art. 30.

Le présent arrêté sera soumis à l'approbation de M. le Ministre de l'intérieur, et sera ultérieurement inséré au

Recueil des Actes administratifs et publié dans tout le département, pour être exécuté dans sa forme et teneur.

Fait et arrêté à Rouen, le 14 février 1863.

Le Sénateur, Préfet de la Seine-Inférieure,

E. LEROY.

TABLE.

—

TITRE V.

———

Rouen. — Imp. E. Cagniard, rue Percière, 29.

www.ingramcontent.com/pod-product-compliance
Ingram Content Group UK Ltd.
Pitfield, Milton Keynes, MK11 3LW, UK
UKHW022303070726
13614UKWH00002B/524